KB156793

청소년들의 진로와 직업 탐색을 위한
잡프러포즈 시리즈 39

병원에서 일하는
의료데이터과학자

이 책의 저작권은 저자와 출판사에 있습니다.
서면에 의한 저자와 출판사의 허락 없이 책의 전부 또는 일부 내용을 사용할 수 없습니다.

청소년들의 진로와 직업 탐색을 위한 잡프러포즈 시리즈 39

병원에서 일하는
의료데이터과학자

김휘영 지음

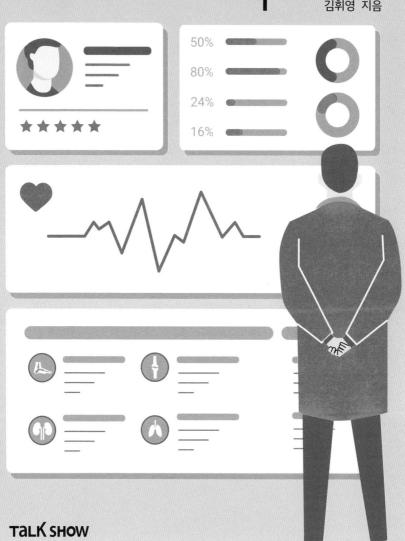

TaLK SHOW

누군가의 획기적인 혁신은 작은 것 하나로 이뤄지진 않아요.
사소한 것 하나로 성공이 이뤄지는 경우는 거의 없거든요.
보통은 수많은 작은 것들이 모여 대단한 혁신을 만들죠.

- 일론 머스크, Elon Musk -

당신의 주변을 둘러싸고 있는 생각이나 규칙들, 그 모든 것은
당신보다 덜 똑똑한 사람들이 만든 것이에요.
그러니 당신이 바꿀 수도 있고, 영향을 미칠 수도 있죠.

- 스티브 잡스, Steve Jobs -

C·O·N·T·E·N·T·S

C·O·N·T·E·N·T·S

의료데이터과학자
김휘영의 프러포즈

여러분, 안녕하세요!

저는 병원에서 일하고 있는 의료데이터과학자 김휘영이라고 해요.
'왜 과학자가 병원에서 일하지?'라고 의문을 느끼는 분들이 있을 거
예요. 대다수의 사람들은 병원에서 일하는 사람이라고 하면 의사와
간호사를 떠올리잖아요. 조금 부끄러운 얘기지만, 솔직히 저희 부모
님께서도 제가 병원에서 어떤 일을 하는지 정확히는 모르시거든요!

누군가를 처음 만나 인사를 나누고 서로의 직업을 소개할 때, 병원에
서 일하는 의료데이터과학자라고 하면 백이면 백 눈을 동그랗게 뜨
고 영 모르겠다는 표정을 지으세요. 그럴 때마다 매번 제 직업에 대해
구구절절 설명해 드리는 것이 때로는 지치고 귀찮았던 적도 있었어
요. 사실 설명하기 너무 귀찮을 때는 의사인 척 얼버무리고 지나간 적
도 있었음을 고백합니다.

의료데이터과학자는 말 그대로 우리들의 건강과 관련된 의료 데이터를 분석하고 연구하는 과학자를 말해요. 참 쉽지 않나요? 아니라고요? 그렇다면 여러분의 이해를 돕기 위해 제 직업과 가장 비슷하다고 생각한 예를 하나 들어볼게요.

여러분, 〈머니볼〉이라는 영화 보셨나요? 브래드 피트라는 엄청 잘생긴 배우가 나오는 야구 영화죠. 브래드 피트가 단장으로 있는 오클랜드 어슬레틱스라는 구단은 미국 메이저리그에서 만년 꼴찌인 형편없는 팀이었는데요. 우연히 경제학을 전공한 데이터과학자를 만나 그를 영입하게 되었고, 기존의 방식과는 전혀 다른 철저한 데이터 분석에 근거한 이론에 따라 구단을 운영하기 시작했죠. 모두가 미친 짓이라며 그를 비난했지만 결국 20연승이라는 리그 역사상 전무후무한 기록을 남겼다는 이야기예요.

영화에서 그 데이터과학자가 '야구 데이터'를 분석해 '팀이 이기도록' 돕는 역할을 했듯이, 의료데이터과학자는 '의료 데이터'를 분석해 '의사가 진단과 치료를 잘 하도록' 돕는 역할을 하고 있어요. 그럼 의료 데이터 분석을 어떻게 하냐고요? 우리의 똑똑한 친구 인공지능이 있잖아요! 인공지능이 데이터의 패턴을 분석하는 데에는 도사니까요. 수십만 단위의 숫자 계산을 암산이나 손 계산으로 할 수 있는 사람은 없죠. 앞으로는 수없이 쏟아지는 의료 데이터의 분석을 인공지능이 도맡아 하게 될 거예요. 여러분들이 건강검진을 받을 때마다 찍었던 엑스레이 사진이나 눈물 쏙 빼며 뽑았던 피 검사 데이터, 특정 유전질환이 있는지 확인하기 위한 유전자 검사 데이터 등을 모아 인공지능이 잘 분석하도록 연구하고 개발하는 역할을 하는 사람이 바로 의료데이터과학자예요.

인공지능이 점차 일상의 단어가 되면서 많은 분들이 이런 제 설명을 잘 이해해 주시더라고요. 언젠가부터 제 일을 설명하는 것이 훨씬 수월해졌고, 이젠 제 직업을 소개하는 것이 신이 날 정도죠! 물론 저 스스로 제 직업에 대한 자부심이 부쩍 커진 이유도 있고요. 시대의 흐름에 따라 의료데이터과학자는 병원에서 반드시 필요로 하는 사람이 될 거라는 자부심이 있거든요.

"병원은 아픈 사람을 진단하고 치료하는 곳인데, 그건 의사나 간호사가 하는 일이잖아요! 의료데이터과학자가 왜 꼭 필요하다는 거죠?"라고 여전히 궁금해 하는 학생도 있을 거예요. 길에 선 채로 이 질문의 답을 하나하나 설명하기는 여러모로 어려웠는데, 이 책을 통해 구체적인 대답을 드릴 수 있어 기쁘네요. 그럼 차근차근 얘기해 볼까요?

첫인사

토크쇼 편집자 – 편

의료데이터과학자 김휘영 – 김

편 먼저 자기소개를 부탁드려요.

김 안녕하세요? 연세대학교 의과대학 세브란스병원 영상의학과에서 연구조교수로 근무하고 있는 김휘영이라고 해요. 이곳에서 저는 의료 영상을 분석해 자동 판독하는 일을 인공지능으로 구현하는 업무를 하고 있어요.

편 이 일을 한지는 얼마나 되었나요?

김 세브란스병원에서 일한 지는 만으로 2년이 됐고요. 2010년부터 병원에서 일하며 연구했으니 이 일과 관련된 공부를 시작한 지는 10년이 되었네요.

편 어떤 계기로 의료데이터과학자라는 생소한 직업을 갖게 되었는지 궁금해요.

김 제가 대학에서 컴퓨터공학을 전공했어요. 그 과정에서 인공지능을 공부했고요. 순수 인공지능에 흥미를 느껴 사람처럼 생각하는 인공지능에 관해 더 연구해 보려고 대학원에 들어갔는데, 이 분야가 천재가 아니면 할 수 있는 게 아니더라고요. 그래서 좀 방황을 하다 순수 인공지능 연구를 그만두고 다른 방향을 모색하게 되었어요. 게임이나 홈페이지 제작에는 관심이 없었고, 사람들에게 실질적으로 도움이 되는 일을 하고 싶어 고민을 좀 했죠.

그러다 우연히 병원에서 컴퓨터공학 전공자를 구한다는 글을 보게 되었어요. 사실 무슨 일을 하는지 잘 모른 채 지원을 하고 공부를 시작했는데 너무 재미있더라고요. 그게 바로 환자들의 의료 데이터를 분석하는 일이었어요. 원하던 대로 내가 가진 컴퓨터 지식을 이용해 사람들에게 도움을 주는 일이었죠. 지금은 인공지능을 이용해 영상을 분석하고 의사의 진단을 보조하는 연구를 하고 있는데요. 처음엔 암 진단을 받은 환자의 영상을 보고 치료 계획을 세우고 검증하는 일을 했어요. 제가 한 연구가 실제로 환자를 치료하는데 쓰였기 때문에 큰 보람을 느꼈고, 계속해서 열심히 연구하는 원동력이 되었죠. 컴퓨터 공학자가 병원에서 일한다는 것도 신선하게 느껴졌고요. 덕분에 박사학위까지 무사히 마치고, 지금까지도 이 분야에서 일하고 있네요.

편 환자의 영상을 보고 치료 계획을 세우는 일을 했다고 하셨는데요. 구체적으로 어떤 일인가요?

김 암 환자가 있다고 해 봐요. 이 환자의 암에 센 에너지의 방사선을 쏘면 암세포가 죽게 돼요. 그런데 이 방사선은 매우 센 에너지 엑스선이라 주변의 정상 세포도 다치게 하죠. 정상 세포는 피하고 암세포만을 공격하는 방사선 치료 계획을 위해서는 컴퓨터로 계산을 해야 해요. 가능한 암세포에만 맞도록 계산을 해서 정밀한 방사선 치료를 돕는 것이 바로 제가 하는 일이었죠.

편 이 직업을 프러포즈하는 이유는 뭔가요?

김 제가 처음 이 일을 시작했을 때는 물론 지금도 여전히 많은 사람들이 의료데이터과학자란 직업에 대해 잘 모르고 있어요. 심지어 컴퓨터공학을 전공한 사람들 중에도 아는 사람이 별로 없죠. 제 동기나 후배들도 모르는 경우가 많아 이 분야에 대해 알려주고 일할 수 있는 곳을 소개해 주기도 했어요. 알고 나면 다들 흥미를 가지더라고요. 최근엔 인공지능에 대한 관심이 높아져서 상황이 좀 나아지긴 했지만, 아직 생소한 직업이라 좀 더 많은 친구들에게 이 분야를 소개하고 싶다는 생각이 들어 책을 쓰게 되었어요. 병원에는 의사나 간호사만 있는 것이 아니라 환자를 직접 대면하진 않지만, 그들을 위해 정말 중요한 일을 하고 있는 사람들이 있어요. 그 중 하나가 의료 데이터 분석을 통해 환자들이 더 나은 치료를 받을 수 있도록 돕는 저희와 같은 사람들이죠. 아픈 분들의 건강한 삶을 위해 연구하고 분석하며 기쁨과 뿌듯함을 느낄 수 있는 멋진 직업, 의료데이터과학자의 세계로 여러분을 초대할게요.

의료 혁신의 중심, 의료데이터과학자 이해하기

의료 데이터가 뭐예요?

편 말씀하신 대로 의료데이터과학자라는 직업이 생소하게 느껴지는 분이 많을 것 같아요. 우선 의료 데이터의 개념부터 짚고 넘어가면 어떨까요?

김 한마디로 정리하면 의료 데이터란 사람의 건강 상태를 직접 또는 간접적으로 확인할 수 있는 모든 유형의 데이터를 말해요. 인체로부터 나오는 건강과 관련된 정보나 진료 정보 등을 종합한 것이죠. 우리의 나이는 물론 혈압이나 심전도 검사 결과, 복잡한 의료 영상까지 모두 의료 데이터에 속해요. 최근에는 유전체 데이터도 이 범주에 들어가게 되었고요.

편 그럼 의료데이터과학자란 건강 정보와 관련된 업무를 하는 사람이겠군요.

김 맞아요. 의료데이터과학자는 인공지능을 이용해 사람들의 의료 데이터를 분석하여 진단을 내리거나 치료법을 제시해 의료 데이터를 보다 더 가치 있는 것으로 만드는 사람이에요.

인공지능이 뭐예요?

편 의료 데이터 분석에 인공지능을 이용한다고 하셨는데요. 이제 인공지능은 전혀 낯설지 않은 일상의 단어가 되었지만, 그 의미를 정확하게 알고 있는 사람은 많지 않을 것 같아요. 인공지능이란 무엇인가요?

김 인공지능이란 인간의 학습 능력과 추론 능력, 자연 언어의 이해 능력 등을 컴퓨터 프로그램으로 실현한 기술을 말해요. 다시 말해 컴퓨터가 인간의 지능적인 행동을 모방할 수 있도록 구현하는 기술이 바로 인공지능이죠. 제가 종사하고 있는 의료 분야뿐만 아니라 여러 분야에서 활용되고 있고요.

처음 이 공부를 시작할 때만 해도 제가 상상한 인공지능은 아톰 같은 것이었어요. 인간의 감성과 과학 기술이 결합된 로봇 말이에요. 당시엔 카이스트의 휴머노이드 로봇Humanoid Robot 아미가 매우 유명했죠. 저는 로봇 아미 연구실에 들어가 공부도 하고 아톰 같은 로봇도 만들어보고 싶은 생각에 카이스트에 진학했는데, 막상 대학에 가니 제가 생각한 것과는 많이 다르더라고요. 제가 2000학번인데 입학 후 다음 해인 2001년도에 카이스트가 개원 30주년을 맞아 'See KAIST 2001'이라는 행사를 개최했어요. 이때 로봇 아미가 행사장을 찾은 김대중 대통령과 악수를 하면서 화제가 되었죠. 요즘에야 그렇지 않지만 제가 어렸을 때만 해도 휴머노이드 로봇이라고 하면 인간과 의사소통이 가능하고 자유 의지가 있는 로봇을 떠올렸어요.

그런데 그날 본 아미는 제겐 다소 실망스러웠어요. 스스로 자유 의지를 갖고 감정을 갖는 로봇이라고 하기엔 많이 부족했거든요. 더 탁월한 기능을 기대했던 저는 이게 어떻게 인공지능이란 말인가 하며 실망을 많이 했죠. 당시로선 정밀기계부터 정보, 전자, 컴퓨터, 인공지능, 지능형 센서, 뇌 과학까지 최첨단의 과학 기술이 융합된 것이었지만요.

편 의료 분야에서의 인공지능에 대해서도 알려 주세요.

김 인공지능은 사람처럼 생각하는 걸 만드는 것과 사람처럼 행동하는 걸 만드는 것, 이 두 가지 방향이 있는데요. 전자를 강 인공지능Strong AI, 후자를 약 인공지능Weak AI으로 분류하기도 해요. 지금 산업계에서는 후자로 방향이 맞춰져 있어요. 예를 들어 드론이 날고 있다고 해 봐요. 새처럼 나는 것은 아니지만 새보다 못 나는 것도 아니죠. 비행기 같은 건 심지어 새보다 더 잘 날기도 하는데, 역시 새처럼 날지는 않아요. 새와 같이 난다는 행위를 하기 위해 굳이 새처럼 날 필요는 없어요. 새보다 더 잘 날면 되는 것이죠. 이게 현재 산업계에서 연구 중인 인공지능의 목표라고 할 수 있어요. 사람으로 바꿔 말하면, 굳이 사람처럼 행동할 필요 없이 사람보다 더 잘하는 인공지능을 만들면 되는 것이죠. 제가 연구하고 있는 의료 인공지능의 목표도 마찬가지고요.

제가 병원에서 인공지능 관련 업무를 한다고 하면 왓슨과 같은 인공지능 의사를 만드는 것으로 오해하는 분들이 많아요. 저희 어머니 역시 의사를 대체할 로봇을 만들고 있는 줄 아셨죠. 의료 인공지능의 중심에는 데이터가 있어요. 의사들이 데이터를 벽돌처럼 쌓아주면 저희가 그 데이터를 연구하고 분석해 진단 등에 이용하는 것이죠. 저희는 인공지능을 아티피셜 인텔리젼스Artificial Intelligence가 아닌 다른 말로 표현하기도 하는데, 그중에 하나가 어그먼티드 인텔리젼스Augmented Intelligence예요. 기술의 발전을 활용해 인간의 지능이 강화되는 것을 말하죠. 기술과 인공지능이 인간의 지능을 대체한다기보다는 강화할 것이라는 의미로 사용하고 있어요. 요즘은 글을 쓸 때 손으로 쓰지 않죠. 거의 모든 사람이 워드와 같은 소프트웨어를 이용하잖아요. 그런 것처럼 환자의 데이터를 분석하는 데 있어 손으로 일일이 계산하는 것이 아니라 인공지능을 이용해 빠르고 쉽게 계산을 하는 것이죠. 현재의 의료 분야는 로봇을 만들어 사람을 대체하는 방향이 아니라 사람들이 각자의 능력을 넘을 수 있도록 도움을 주는 도구로서 인공지능을 활용하는 방향으로 나아가고 있어요.

편 인공지능 기술을 적용한 의료기기는 어떤 게 있을까요?

김 가장 널리 알려진 것은 엑스레이 등의 영상을 분석하고 진단하는 기기죠. 영상으로 확인할 수 있는 암이나 폐렴과 같은 질환들을 실수 없이 진단할 수 있도록 도울 수 있지요. 중환자실에 있는 환자의 심전도와 같은 활력징후Vital Sign를 보면서 전조증상을 확인하여 심정지를 예측하는 기기도 있고요. 의료진이 24시간 내내 환자를 돌볼 수가 없으니 이러한 기기를 사용하면 큰 도움을 받을 수 있어요. 단순히 혈압이나 골밀도를 측정하는 기기도 있죠. 골다공증의 경우 발병 전에 관리를 해 주는 것이 중요한데, 이러한 기기를 이용하면 골밀도를 측정해 주는 것은 물론 골다공증이 생길 위험이 얼마나 되는지도 예측해 줘요. 지금까지의 로봇 수술은 의사가 직접 원격 조종을 하는 방식이었는데, 인공지능 기술을 활용해 자동으로 수술하는 로봇도 연구되고 있고요.

인공지능 이야기
:중국어 방 실험

철학자 존 설John Searle이 제안한 '중국어 방Chinese Room'이라는 사고 실험이 있어요. 어느 방에 중국어를 전혀 모르는 사람이 들어가 있고, 그 방에는 중국어로 된 질문과 답이 적힌 사전과 필기구가 있어요. 밖에서 중국어로 질문을 적어 쪽지를 주고 그 사람이 사전에서 적절한 대답을 찾아 중국어로 적어 밖으로 전달하면, 밖에서는 그 방 안에 있는 사람이 중국어를 매우 잘 안다고 생각할 수 있겠지요. 사실은 중국어를 하나도 모르지만요!

이 중국어 방을 하나의 인공지능이라고 해 봐요. 우리가 사람처럼 사고하는 것을 추구하는 강 인공지능의 관점으로 본다면 이 인공지능은 실제로는 중국어를 하나도 모르니 지능을 갖고 있다고 하기 어렵겠죠. 하지만 사람처럼 행동하여 결과로 보여주는 것을 추구하는 약 인공지능의 관점으로 본다면 이 인공지능은 의미가 있지요. 심지어 완벽한 중국어 사전을 갖고 있고, 빠르게 검색할 수 있는 능력이 있다면 사람보다 더 중국어를 잘하는 인공지능을 만들 수도 있고요.

강 인공지능과 약 인공지능의 개념을 좀 더 명확히 하기 위해 이 실험 내용을 소개했는데요. 실제로 존 설이 이 사고 실험으로 말하고 싶었던 것은, 이러한 테스트로는 중국어 방 안에 있는 사람 혹은 기계가 실제로 (인간 수준의) 지능을 가졌는지 검증할 수 없다는 것이에요.

빅데이터가 뭐예요?

편 의료 인공지능의 중심이라고 하셨던 빅데이터에 대해 알고 싶
어요.

김 빅데이터란 디지털 환경에서 생성되는 데이터의 집적물과 이
로부터 경제적·사회적·과학적 가치를 추출하고 분석할 수 있는 기
술을 말해요. 전에는 환자의 영상이 있어도 이 영상에서 암을 구분
해 내는 규칙을 사람이 정의해 줘야 했죠. 인공지능 기술 중 하나
인 기계 학습Machine Learning을 이용하더라도 영상에서 암을 구분하
도록 공학적인 디자인을 해 줘야 했고요. 지금은 패러다임이 완전
히 바뀌어서 딥러닝 기술을 이용하는데요. 많은 양의 데이터를 넣
어주면 인공지능이 알아서 특정한 패턴을 찾아내어 영상을 분류해
요. 이 과정을 인공지능의 학습이라고 하죠.

사람이 하는 일은 데이터를 준비하는 것이 거의 전부라고 할
수 있으며, 질 좋은 데이터를 마련해야 학습이 잘 되기 때문에 그만
큼 데이터가 중요하죠. 그런데 여기서 데이터 몇 개 주고 패턴을 찾
아내라고 할 순 없잖아요. 환자들마다 몸 안 구조물들의 모양과 위
치가 모두 다른 것처럼 암도 마찬가지거든요. 그래서 방대한 양의
데이터, 즉 빅데이터가 필요한 것이에요. 우리나라의 경우 전자의

무기록EMR의 도입률이 92퍼센트로 전 세계에서 가장 높고, 건강보험심사평가원이나 국민건강보험공단, 질병관리본부, 국립암센터 등의 공공기관에 6조건이 넘는 공공 의료 빅데이터가 구축된 상태라 활용을 기다리는 데이터가 아주 많은 편이죠.

편 의료 데이터가 굉장히 많네요.

김 의료 행위는 근거가 중요하기 때문에 각 의료 기관에서는 항상 기록을 남겨놓아요. 한 번 병원에 다녀간 환자가 다시 아파서 병원을 찾았을 때, 그 원인을 빠르고 정확히 알기 위해서도 기록은 중요하죠. 우리나라의 경우 비교적 이른 시기부터 컴퓨터를 이용해 전자의무기록을 하기 시작했고, 의료 영상들은 디지털화해 컴퓨터에 저장했어요. 이러한 의료 데이터들은 법적인 의무 보관 기간이 있기 때문에 수년에서 십수 년 동안 데이터가 차곡차곡 모였고, 지금은 인공지능으로 빅데이터 분석이 가능할 정도로 많은 데이터가 쌓이게 되었죠. 게다가 우리나라는 감사하게도 의료진들의 실력이 좋아 매우 질 좋은 의료 데이터가 많은 편이고요.

인공지능과 빅데이터로 이루어낸
의료 혁신에는 어떤 것들이 있나요?

편 인공지능과 빅데이터로 이루어낸 의료 혁신에는 어떤 것들이 있나요?

김 가장 먼저 얘기하고 싶은 건 진단 능력이 향상되어서 더욱 정확하고 빠른 진단이 가능해졌단 거예요. 육안으로 영상을 볼 경우 암인지 아닌지 헷갈리거나 미처 보지 못하고 지나가는 경우가 있었는데, 인공지능과 빅데이터를 이용하면서 정확한 판독이 가능하게 되었죠. 그런데 여기서 새로운 문제가 생겼어요. 어떤 사람은 키가 빨리 크고 어떤 사람은 키가 천천히 크듯이, 어떤 암은 매우 빠르게 자라기 때문에 조기에 발견해서 치료를 하지 않으면 너무 커져버려 환자의 건강을 위태롭게 해요. 반면 어떤 암은 아주 천천히 자라서 이 사람이 죽을 때까지 아무런 문제를 일으키지 않는 경우도 있죠. 그런데 인공지능 진단 기기의 경우 이러한 암까지 모두 찾아내 긁어 부스럼을 일으킬 수가 있어요. 과잉 진단의 우려가 있기 때문에 이 문제를 해결해 나갈 필요가 있었는데요.

여기서 두 번째 혁신을 얘기할 수 있어요. 의사들은 절대 CT나 X-ray 영상만 보고 빨리 자라는 암인지 천천히 자라는 암인지 구분하기 어려워요. 그런데 최근 연구 결과를 보면 인공지능에게 수 많은 영상을 보여주고 학습을 시키면 구분이 가능하다고 하죠. 똑 같은 치료를 받아도 사람에 따라 얼마만큼 반응을 할지 경과를 예 측할 수도 있고요. 이러한 기술을 토대로 인공지능이 병변을 너무 잘 찾아내면서 생길 수 있는 과잉 진단을 예방할 수 있으며, 빠르게 자라는 암의 경우 가능한 한 빨리 적절한 치료를 받을 수 있도록 도 울 수 있어요. 환자에 따라 더 도움이 되는 약을 제시하는 개인 맞 춤형 정밀 의료가 가능해질 거고요.

편 진단 오류는 없나요?

김 아직까지 실제 의료에 활용되고 있는 인공지능 의료기기가 많 지 않기 때문에 확신하기는 어려운데요. 인공지능 기기가 맞게 진 단했는데, 의사가 이를 보고도 아닌 것 같다고 판단해 환자가 나빠 지는 경우 등이 있을 수 있겠죠. 반대로 의사가 잘 진단한 것을 인 공지능이 찾지 못하고 넘어가는 경우도 있을 수 있겠고요. 여기서 저희 의료데이터과학자의 역할이 중요해져요. 기기가 어떤 진단을 내렸을 때, 그 판단의 근거까지 밝힐 수 있도록 설계한다면 이런 일 이 생기지 않을 테니까요. 실제 의료 현장에서 의사들이 믿고 사용 할 수 있도록 진단 사유를 제시하는 데까지는 5~10년 정도면 가능할 거라 생각해요.

편 진단 외에 또 어떤 일에 인공지능이나 빅데이터가 활용되고
있나요?

김 환자들의 안전 문제를 위해서도 쓰이고 있어요. 예를 들면 병
원 곳곳에 카메라와 센서를 설치해 놓고, 환자가 자면서 뒤척거리
다 침대에서 떨어질 것 같으면 경보가 울리게끔 하는 거예요. 이렇
게 간단하고 책임 소재를 따지지 않는 부분부터 적용하고 있죠. 교
육에도 사용되고 있어요. 인턴이나 레지던트는 단순한 봉합 수술
이라 하더라도 배운 것을 연습해 봐야 하잖아요. 이때 팬텀이라고
해서 장난감 같은 것을 놓고 연습을 하는데요. 실제 같지가 않아서
요즘엔 가상현실을 이용해 고글을 착용하고 팬텀을 진짜 환자처럼
보이게 만든 후 연습을 하기도 하죠.

왓슨의 정체는 무엇인가요?

편 의료 분야에서의 인공지능이라고 하면 왓슨을 떠올리는 사람이 많은데요. 왓슨의 정체는 무엇인가요?

김 왓슨은 IBM사에서 만든 초고성능 인공지능 컴퓨터예요. 다양한 분야에 진출해 있지만, 여기서는 의료 분야에 한정해 얘기해 보죠. 왓슨은 많은 양의 논문을 빠른 시간 안에 읽고 분석하거나 환자의 데이터를 분석해 진단을 내리고 치료 방향을 제시하는 역할을 해요. 2016년에는 국내에도 도입되어 암을 진단하고, 암 환자 개개인에게 맞춤형 치료법을 제시하고 있죠.

왓슨이 이런 역할을 제대로 하기 위해서는 데이터의 입력이 선행되어야 해요. 암의 진행 정도나 유전체 검사 결과 등을 사람이 입력해 주면, 그 정보를 토대로 해당 환자에게 맞는 치료법을 논문에서 찾아 알려주는 것이죠. 그런 이유로 왓슨을 의료기기라고 보지는 않아요. 왓슨 스스로 의학적 판단을 내리고 그 결과를 알려주는 것이 아니기 때문이죠. 인공지능 기술을 이용해 검색을 하긴 하지만 스스로 판단할 수 없기에 데이터베이스 검색 툴 정도로 생각하면 될 것 같아요. 그렇지만 아직도 대중들 사이에선 대표적인 의료 인공지능 제품이라는 인식이 있죠.

편 왓슨과 의사의 의견이 다른 경우도 있던데, 그 이유는 무엇인가요?

김 우리나라의 경우 건강보험심사평가원에서 어떤 증상의 환자에게는 어떤 약을 써야 보험 혜택을 주겠다고 정해 놓았어요. 그럼 의사는 해당 약을 쓸 수밖에 없겠죠. 이처럼 보험 혜택을 받는 약과 그렇지 못한 약이 구분되어 있기 때문에 왓슨이 최신 논문을 통해 더 좋은 약을 제시해도 우리나라 환경에서는 쓸 수가 없게 돼요. 또한, 주로 서양인을 대상으로 연구된 결과를 분석한 논문들을 참조하기 때문에 한국인에게 맞지 않는 분석을 제시할 수도 있어요(인공지능은 데이터만 보고 학습하기 때문에 이는 매우 중요한 문제이지요). 그럴 때 의견이 갈리게 되는 것이죠.

의료데이터과학자란

의료데이터과학자라는 직업에 대해 소개해 주세요.

편 의료데이터과학자라는 직업에 대해 소개해 주세요.

김 의사가 임상에서 환자를 진료하면 의료 데이터가 생산되는데요. 오랜 기간 축적된 의료 데이터는 여러 가지 이유로 인해 전혀 활용이 되지 않고 있었어요. 의료데이터과학자는 이렇게 쌓여있기만 했던 의료 데이터의 활용 방법론을 정립하고 인공지능 기술을 이용해 실제로 실현하는 사람이에요. 데이터들은 저희들에 의해 진단이나 치료법 등 가치 있는 형태로 거듭나며 환자들을 돕는 역할을 하게 되죠.

편 데이터과학자와는 어떻게 다른가요?

김 일부에서는 데이터과학자라는 명칭을 쓰기도 해요. 데이터과학자는 데이터 분석과 관련된 업무에 종사하는 사람을 총칭하는 말이니 틀린 말은 아니죠. 의사의 종류에 외과의사, 내과의사가 있듯이 의료데이터과학자도 데이터과학자의 하위분류라고 보면 될 것 같네요.

세브란스병원 연구 동료들과

편. 어떤 사람들과 함께 일하나요?

김. 저와 제 팀은 각 과의 의사는 물론 의료정보팀, IT팀, 방사선
사, 임상병리사, 간호사와도 함께 일하고 있어요. 주로 영상의학과
와 관련된 일을 하고 있지만, 영상의학과 의사들과만 일하는 것이
아니라 영상의 내용에 따라 신경과나 신경외과, 정신건강의학과
의사들과도 협업을 해요. 데이터를 만드는 과정에서는 병원의 의
료정보팀과 IT팀의 도움을 받고 있죠. 방사선사와 임상병리사 선생

님들은 데이터에 대한 관리나 처리를 도와주세요. 간호사 선생님들은 환자들의 개인 정보 동의서 처리나 정보 전달 등의 업무를 해주고 있고요. 다양한 분들과 함께 일하기 때문에 원활하게 소통할 수 있도록 서로 배려하고 협력하는 것이 중요해요.

구체적으로 어떤 일을 하나요?

편 구체적으로 어떤 일을 하나요?

김 가장 먼저 하는 일은 의사들과 함께 문제 정의를 하는 것이에요. 병원의 니즈를 파악해 그중 어떤 문제를 해결할 것인가 논의하는 것이죠. 다음으로 문제 해결을 위해 모아야 하는 데이터의 종류와 수집 방법, 모은 데이터를 활용할 인공지능 모델을 정하고 기술해요. 일종의 콘셉트 디자인이라고 할 수 있는 이 단계가 끝나면 의료정보팀 직원들과 방사선사, 임상병리사, 간호사 선생님들이 직접 데이터를 모아주세요.

원하는 양이 모아지면 저와 제 팀에 소속된 연구원들이 그 데이터를 통합해서 분석하는 작업을 하죠. 중간 중간 팀원들과 함께 분석 결과에 대해 토론하며 방향을 고민하고요. 결과가 만들어지면 이제 의사와 함께 어떤 식으로 활용할지, 좀 더 발전시키려면 어떻게 해야 할지 논의해요. 토의가 끝나고 최종적으로 모델이 결정되면 IT팀의 직원들이 실제 우리 병원의 시스템에 들어가도록 기술적인 일을 처리하죠.

편 실제로 하는 업무를 예로 들어 설명해 주신다면요?

김 아직까지는 많은 부분들이 연구 단계이기 때문에, 저는 주로 의료 데이터를 모으고 분석하는 일에 치중하고 있어요. 예를 들어 엑스선 영상에서 암을 찾는 인공지능 모델을 만들려면, 엑스선 영상을 많이 모은 후에 그 영상 하나하나에 암이 어디 있는지를 표시 Annotation해야 해요. 그래야 컴퓨터가 엑스선 영상에 암이 어디 있는지를 학습한 후 그 패턴을 찾아낼 수 있게 되죠.

그 데이터를 가지고 인공지능 모델을 학습시켜서 암을 잘 찾는지 테스트하고, 잘 찾지 못할 경우 데이터를 더 모아서 학습시키며 성능을 향상하는 작업을 반복하고 있어요. 완성된 인공지능 의료기기를 가지고 임상 시험을 하기도 해요. 신약을 만들면 꼭 시험을 해야 하듯이 말이죠. 임상 시험을 통해 실제로 환자에게 적용했을 때 문제가 발생하진 않는지 확인할 수 있기 때문에 임상 시험을 잘 디자인하고 수행하는 것도 의료데이터과학자의 중요한 임무 중에 하나예요.

힘들게 치료를 받은 암 환자들 중에는 안타깝게도 잘 낫지 않는 분들도 있어요. 저희들은 그런 환자들의 데이터도 소중히 모아 어떤 이유로 치료가 효과적이지 않았는지 원인을 분석하는 일도 하고 있죠. 이 연구가 성공적으로 끝나 그 이유를 알아낸다면, 원인을 알았으니 그에 적절한 치료법을 찾아낼 수도 있겠지요. 이런 식으로 새로운 의학 지식을 발견해 나가는 데에도 의료데이터과학이 큰 역할을 할 것으로 기대하고 있어요.

편 이런 업무에는 어떤 공부를 했던 사람이 적합할까요?

김 프로그래밍을 자유롭게 할 수 있어야 하다 보니, 컴퓨터공학을 공부한 친구들이 이 일에 적합해 보여요. 실제로도 그런 분들이 많이 일하고 있죠. 그렇긴 하지만 이 분야에는 방사선학이나 통계학, 수학을 전공한 사람도 있고 의학 전공자도 있어요. 제 연구원 중에도 의대를 졸업하고 데이터과학자기 되겠다고 해서 저와 함께 일하는 친구가 있죠. 전공에 대한 제약은 없으니 의료 데이터 분야에 관심만 많다면 수학 전공자든 컴퓨터공학 전공자든 누구나 일할 수 있다고 생각해요.

의료 데이터 이야기
:임상 데이터와 공공 데이터
 결합 첫 시도

국내 사망 원인 1위가 무엇인지 아세요? 바로 암인데요. 그중에서도 폐암으로 인한 사망이 가장 많죠. 국립암센터 암빅데이터센터는 연세암병원, 분당서울대학교병원, 가천대길병원 등 10개 기관과 함께 커넥트 플랫폼 구축을 통해 7만 5,000여 명의 폐암 환자에 대한 임상 데이터를 확보했어요. 이는 지난 2008년부터 2019년까지 국내에서 폐암 환자로 등록된 23만 여명의 30퍼센트에 해당하는 수치죠. 암빅데이터센터는 이를 활용해 폐암 치료 효과 분석과 암 경험자의 합병증 및 만성질환 발생 예측 모델 개발을 위해 연구를 진행하고 있어요.

최근 폐암 환자에서 뇌졸중 등 비 암성 사인의 사망이 증가함에 따라 가명 처리된 사망 정보를 활용해 폐암 환자의 사망 예후 분석을 진행하기 위해, 통계청 및 국민건강보험공단과 자료 제공이나 결합 등과 관련된 협의를 완료한 상태죠. 대형 병원에서 보유하고 있는 빅데이터의 상당수가 기술적, 법적인 문제 등으로 인해 활용되지 못하고 있는데, 데이터 3법 개정에 따라 보건 의료 데이터로 활용할 수 있는 길이 열린 것이지요. 이 결합은 임상 데이터와 공공 데이터의 첫 결합 시도 사례로, 향후 데이터의 가치를 새로 발견하고 활용 가능성을 평가할 수 있는 계기가 될 것이에요.

언제부터 이 직업이 생겼는지 궁금해요.

언제부터 이 직업이 생겼는지 궁금해요.

최근 몇 년 사이 과학 기술의 발전과 사회 환경의 변화로 인해 인공지능엔지니어, 드론조종사와 같은 새로운 직업이 많이 만들어졌는데요. 의료데이터과학자 역시 이러한 시대의 흐름에 따라 비교적 최근에 만들어진 직업이에요. 역사는 짧지만 미래가 유망한 직업이라고 할 수 있죠. 연세대학교 의과대학에서는 재작년에 의생명시스템정보학과를 신설했어요. 세상을 바꿀 미래 의료데이터과학의 전문 인재를 양성하기 위해서죠. 아직은 인재 양성 단계에 있지만 새로운 패러다임을 이끌어갈 사람이 되고 싶다면 관심을 가질 만한 직업이에요.

우리나라의 의료데이터과학자는 몇 명인가요?

편 우리나라의 의료데이터과학자는 몇 명인가요?

김 아직은 이 분야에 종사하는 사람이 그리 많지는 않아요. 대형 병원에서 일하는 경우 한 병원당 십수 명의 인원이 일하고 있는데요. 거기에 뷰노나 루닛과 같은 기업에서 일하는 분들을 더하면 대략 1,000명 안쪽일 것 같네요.

편 남녀 비율은 어떻게 되나요?

김 석·박사급 이상의 의료데이터과학자를 보면 남성이 대부분이지만, 최근 공부를 시작한 학생들이나 연구생들의 경우 점점 여성의 비율이 높아지고 있어요.

편 국내에 의료데이터과학자 단체나 협회가 있나요?

김 네. 대한의료정보학회, 대한의용생체공학회, 대한의료인공지능학회와 같은 관련 단체가 있어요. 대한의료정보학회는 의료정보학 발전을 위해 1987년에 설립되었어요. 지난 30여 년간 의료 정보와 관련된 연구와 교육, 정책 개발을 해 왔으며, 최근에는 보건의료 빅데이터 플랫폼, 진료 정보 교류, 스마트 헬스 케어, 정밀 의

료, 원격 의료와 같은 사업을 진행하고 있죠. 1979년에 설립된 대
한의용생체공학회는 뇌공학과 생체계측, 의료 영상, 바이오칩, 의
광학, 생체소재, 생체역학, 의료기기를 연구하는 학회예요. 대한의
료인공지능학회는 가장 최근인 2018년에 설립되었어요. 인공지능
기술을 이용한 첨단 의료로 국민들의 건강과 삶의 질 향상에 이바
지하고자 의학계와 공학계, 산업계의 전문가들이 모여 만든 융합
네트워크죠.

해외에도 의료데이터과학자라는 직업이 있나요?

편 해외에도 의료데이터과학자라는 직업이 있나요?

김 정확히 같은 명칭을 사용하는 것은 아니지만 외국에도 의료 분야에서 일하는 데이터과학자들이 있죠. 특히 미국에서 데이터과학자의 인기가 매우 높은 편이에요. 세계 최대의 직장 평가 사이트인 글래스도어Glassdoor가 매년 발표하는 '미국 최고의 직업 50'에서 2016년부터 2019년까지 1위로 뽑히기도 했죠. 연봉을 비롯해 직업 만족도와 일자리 수 등으로 평가되고 있는 만큼, 미국에서는 이 직업이 어느 정도 자리를 잡아가고 있는 것으로 보여요.

구글은 알파고로 유명한 딥마인드의 의료 사업 부문을 구글 헬스로 흡수했죠. 아마존은 약국 스타트업인 필팩을 인수하고, 인공지능을 활용해 환자의 건강 상태를 분석하는 소프트웨어를 출시했어요. 애플의 경우 의료기관이 보유한 전자의무기록을 통합한 모바일 앱을 출시하고, 데이터 기반의 건강 앱을 지원하고 있어요. 마이크로소프트는 헬스케어 분야를 신설하고 의료 인공지능, 클라우드 기반 유전자 분석 서비스 등을 추진 중이고요. 이처럼 IT 기업의 헬스케어 산업 진출이 본격화되면서 미국 내 시장은 더 커지고 수요는 더 많아질 거라 예상되고 있어요.

편 외국의 의료데이터과학자와 다른 점이 있나요?

김 대규모 헬스케어 시장을 보유한 미국과 비교해 볼까요? 미국은 사보험 체제라 비용이 들더라도 기술을 들여와 진단을 정확하게 내리는 것을 선호해요. 질병을 조기에 발견하고 치료해야 보험료가 덜 나가니까요. 반면 우리나라는 공보험 체제라 이러한 경제 논리로 돌아가진 않아요. 의료 인공지능 기술의 가치를 실질적으로 증명해야 정부의 지원이나 투자를 받을 수 있죠. 환경이 다르다 보니 우리나라의 경우 일할 수 있는 영역이나 기회에 제한이 좀 있는 편이에요.

편 국내보다는 해외에서 더 좋은 대우를 받나요?

김 아무래도 헬스케어 시장이 활발한 나라에서 대우가 더 좋겠죠. 현재 미국은 인증받은 인공지능 의료기기가 200개가 넘어요. 우리나라의 경우 2020년 9월 기준으로 50개 정도가 인증을 받은 상태고요. 기술적 완성도는 미국과 비교해도 떨어지지 않는다는 걸 정부도 인지하고 있기 때문에 앞으로는 좀 더 지원을 할 거란 생각은 들어요. 혁신 의료기기뿐만 아니라 비대면 진료나 스마트 헬스케어, 맞춤 의료 등 관련 분야에도 지원을 한다고 했으니 일자리는 늘고 대우는 더 나아지겠죠?

의료 데이터 이야기
:원격 진료, 원격 의료

원격 진료란 정보통신기술을 이용하여 원거리에 의료 정보와 의료 서비스를 전달하는 모든 활동을 말해요. 쉽게 얘기해 병원 진료실에서 의사가 환자를 진료하는 것을 원격으로 대신한다는 뜻이죠. 원격 진료는 1959년에 미국 네브래스카주 오마하시 정신병원과 112마일 떨어진 주립정신병원을 연결한 것을 효시로 꼽고 있어요. 이후 1990년대에 들어서며 비약적인 발전을 이루게 되면서, 오지나 도서 지역과 같이 첨단 의료 혜택을 받지 못하는 지역 주민에서부터 가정에서 치료 중인 환자, 장기요양 환자, 교도소나 군대와 같은 특수 지역에 있는 사람들까지 원격 진료의 혜택을 누리게 되었죠.

원격 의료는 원격 진료를 포함하는 개념으로, 환자가 직접 병원을 방문하지 않고 통신망이 연결된 의료장비를 통해 의사의 진료를 받을 수 있는 모든 서비스를 총칭하고 있어요. 국내에서는 여러 가지 이유로 원격 의료가 활성화되지 못했는데, 그러는 사이 미국이나 일본, 유럽, 중국 등은 관련 산업을 확대하고 있었죠. 예를 들어 미국은 1997년부터 65세 이상 노인에게 지원하는 메디케어를 통해 원격 상담에 보험을 적용했어요. 일본은 섬 등 외지에 사는 주민과 만성질환 환자에게만 제한적으로 허용하던 의사와 환자 간 원격 의료를 전 국민을 대상으로 확대하기도 했고요.

수요는 많은가요?

편 수요는 많은가요?

김 의료데이터과학자를 필요로 하는 곳은 크게 병원과 산업체로 나눌 수 있는데요. 병원의 정직원 수요가 많은 편은 아니에요. 대부분은 계약직으로 일하고 있죠. 일 년마다 계약을 갱신하는데, 재계약을 하는 건 의사도 마찬가지예요. 산업체의 경우 일부 대기업과 스타트업에서 의료데이터과학자를 채용하는데, 이 역시 현재 자리가 많진 않아요. 사실 지금의 일자리만 놓고 본다면 완전히 안정된 직업은 아니라고 할 수 있죠.

하지만 헬스케어 서비스에 대한 수요가 날로 증가하는 만큼 큰 변화가 예상되고 있어요. 요즘 같은 경우는 코로나19로 인해 감염 위험도 측정이나 비대면 진료와 같은 여러 가지 이슈가 나오고 있죠. 지난 8월에는 데이터 3법이 개정되어 그동안 쌓아두었던 가명 정보를 제3자가 소유자의 동의 없이 사용할 수 있게 되었고요. 물론 생명윤리법 등 상충되는 법안들이 있어 정부의 보다 적극적이고 유연한 유권 해석이 뒷받침되어야 하지만, 이로 인해 공익적 연구에만 활용해야 하는 제약에서 벗어난 것은 사실이에요. 데이터 분석을 통해 질병 예측이나 실시간 맞춤 치료, 질환 발생 예방,

의료 복지 개선 등이 가능해짐에 따라 의료데이터과학자의 수요는 더욱 늘어날 전망이에요.

국내뿐만 아니라 세계로 눈을 돌린다면 수요는 더 많겠죠. 특히 미국에서는 대기업과 스타트업이 활발하게 교류하며 혁신적인 기회를 창출하고 있는데요. 인공지능과 같은 첨단 기술이 헬스케어 혁신의 핵심인 만큼 이런 기회는 여러분에게도 열려 있어요.

미래에도 필요한 직업인가요?

편 미래에도 필요한 직업인가요?

김 그럼요. 블루오션도 단순한 블루오션이 아니라 아주 새파란 대양이 될 거예요. 미래에는 건강에 대한 욕구가 커질 수밖에 없어요. 의료에 대한 의존성은 점점 높아질 것이고요. 이러한 경향에 맞춰 지금의 의료는 정밀 의료와 맞춤 의료 형태로 나아갈 거예요. 의료기기에서 나오는 임상 정보와 의사의 판단 정보, 생활 습관 정보, 유전체 정보를 종합적으로 분석해 환자 개개인의 상태를 정밀하게 진단하고, 가장 적절하고 예후가 좋은 치료법을 처방하는 방향으로 가는 것이죠. 이러한 방향은 WHO가 권고하는 전 세계적인 추세이기도 해요.

또한 4차 산업혁명의 ICT 기술은 의료 영역을 더욱 확대해 나갈 것으로 보여요. 지금까지는 질병이 생기고 나면 진단을 받고 치료를 하는 발병 이후의 분야가 주를 이뤘는데요. 앞으로는 인공지능 기술을 이용한 유전자 분석을 통해 질병을 예측하고 사전에 예방하는 시스템이 자리를 잡게 될 거예요. 또한 평균 수명도 길어져서 고령 인구가 많아짐에 따라 스마트 헬스케어 시장은 더욱 확대될 것이고요. 이 모든 기술은 데이터가 기반이 되어야 하는 만큼 데

이터를 다각적으로 분석하고 의미 있는 해답을 찾아낼 의료데이터
과학자는 미래에 가장 중요한 직업 중 하나가 될 거라 생각해요.

의료 데이터 이야기
:스마트 헬스

스마트 헬스는 스마트 기기를 이용하여 환자의 건강 상태를 모니터링하면서, 환자의 정보와 질병 상태 등을 분석하여 실시간으로 개인에게 최적화된 맞춤형 건강관리 서비스를 제공하는 것을 말해요. 우리 사회가 고령화 사회로 진입하고 건강관리의 중요성이 증가하면서 다양한 스마트 헬스케어 관리 기기와 앱들이 등장하기 시작했는데요. 가장 많이 사용하는 것은 손목에 차는 시계 형태의 디바이스예요. 이와 같은 디바이스는 심장 박동 수와 몸무게, 혈압, 혈당 등 사용자의 건강 관련 데이터를 분석해 통합적인 관리를 하게 돼요. 거기다 스마트폰과 연동되어 소셜 네트워크적 요소를 가미해 새로운 사용자 경험까지 제공하고 있죠.

스마트 헬스의 중요한 트렌드는 의료의 개인화예요. 환자의 유전자 정보를 포함한 개인 정보를 토대로 개인에게 최적화된 진단과 처방, 처치 등의 의료 서비스를 제공하는 것이지요. 사용자들의 몸에 부착한 기기를 통해 실시간으로 수집된 헬스케어 데이터는 기존 병원의 임상 시험보다 훨씬 정확하죠. 앞으로는 병원 중심이던 의료 서비스의 일정 부분이 개인으로 분산될 전망이에요. 엄청난 양의 헬스 데이터를 기반으로 특정 패턴을 발견하고, 이를 통해 효율적이고 정확한 의료 서비스를 제공할 수 있는 환경이 만들어지면, 만성 질환과 같은 질병은 개인이 관리하고, 중증 질환이나 외과 수술이 필요한 부분은 병원이 담당하는 때가 올지도 모르겠네요.

의료데이터과학자의 세계

하루 일과가 궁금해요.

편 하루 일과가 궁금해요.

김 우선 아침에 출근하면 이메일이나 엑셀 시트를 보면서 그날의 현황을 파악해요. 데이터 수집이 늦어지는 곳이 있으면 다시 한번 요청을 하고, 제가 정리할 데이터가 있으면 그 작업을 하죠. 그 후에는 거의 회의를 하며 보내요. 직접 만나서 논의할 사항들이 굉장히 많거든요. 전에는 회의 일정이 너무 많으면 먼 곳은 물리적으로 도저히 갈 시간이 안 되니 참석하지 못하는 경우도 있었는데요. 요즘은 코로나19로 인해 비대면 회의를 하는 곳이 대부분이라 다 참석해야 하니 오히려 더 바빠졌죠. 회의가 어느 정도 마무리되면 다시 데이터를 들여다보며 코딩을 하고 모델을 만들거나 저술 작업을 해요. 저 같은 경우 관리직에 있기 때문에 회의 일정이 많은 것이고, 일반적인 의료데이터과학자라면 데이터를 보며 정제하고 분식하는 것으로 하루를 보내게 되죠.

편 외부 회의도 많은가요?

김 저희 병원 직원분만 아니라 외부 협력업체와의 회의도 많아요. 병원 내부에서 수집하는 데이터만 가지고는 이 일을 할 수 없기

병원 협력 연구차 클리브랜드 클리닉 방문

때문에, 외부의 데이터를 가지고 오기 위해 출장이 많은 편이죠. 작년만 해도 미국에만 다섯 번 정도 다녀왔어요. 직접 가서 일주일간 그쪽의 데이터를 들여다보면서 작업을 하다 왔죠.

의료데이터과학자는 주로 어떤 곳에서 일하나요?

편. 의료데이터과학자는 주로 어떤 곳에서 일하나요?

김. 지금은 주로 대형병원과 기업에서 일하고 있어요. 의료 인공 지능의 잠재적인 가능성을 인지한 대학에서 관련 학과나 연구소를 신설하고 있기 때문에 학문을 연구하며 학생들을 가르치는 사람도 좀 있고요. 정부가 비대면 진료나 모바일 헬스케어, 스마트 의료 인프라 구축에 막대한 예산을 투입하고 있는 만큼 일할 수 있는 영역은 더욱 넓어질 거라 생각해요.

편. 어떤 기업에서 의료데이터과학자를 채용하고 있나요?

김. 주로 인공지능 소프트웨어 개발 업체에서 의료데이터과학자를 채용하고 있죠. 일반인에겐 잘 알려져 있지 않아 모르는 분들이 많을 것 같으니 이 분야에서 유명한 몇몇 기업을 소개해 드릴게요. 루닛은 의료 영상을 통해 건강 상태를 진단하고 치료를 돕는 솔루션을 개발하는 스타트업이에요. 스웨덴 왕립 카롤린스카 연구소가 진행한 유방암 진단 AI 비교 연구에서 최고 평가를 받은 곳이죠. 또 다른 의료 인공지능 솔루션 개발 스타트업인 뷰노는 서울아산병원에서 사용하고 있는 흉부 엑스레이 영상 판독 AI를 개발한 곳이고요. 이 기기를 포함한 뷰노의 다섯 가지 인공지능 기반 의료기기가 2등급으로 유럽의 CE 인증을 획득했죠.

JLK인스펙션이라는 스타트업도 있어요. 인공지능 의료 분석 솔루션을 개발하고 데이터를 분석하는 업체인데요. 3차원 영상 분석 방법에 관한 원천기술로 특허를 내기도 했죠. 이 세 곳은 국내 의료 인공지능의 중심에 있는 기업들이에요. 그 외에도 코어라인 소프트나 메디컬아이피, 딥노이드 등 많은 의료 인공지능 업체들이 있죠. 물론 GE나 필립스와 같은 유명한 의료기기 업체에서도 의료 인공지능을 연구하고 개발하고 있고요. 의료데이터과학자를 채용하는 곳으로는 신테카바이오와 같은 인공지능 신약 개발 업체도 있어요. 이곳에서는 유전체 빅데이터를 기반으로 AI 기술을 활용한 정밀 의료 신약을 개발하고 있죠.

의료 데이터 이야기
: 인공지능이 개발한 신약 첫 임상 시험

인공지능이 개발한 신약 후보 물질이 인간을 대상으로 한 임상 1단계 시험에 들어갔어요. 이는 사상 처음 있는 일로 인공지능의 새로운 영역을 개척한 것으로 평가되고 있죠. 영국의 스타트업인 엑사이언티아와 일본의 제약업체인 다이닛폰스미토모제약의 합작품인 이 약물은 강박장애 치료제예요. 보통 신약 물질 개발에서 임상 시험까지는 4~5년이 걸리는데 이번에 인공지능이 개발한 이 약물의 경우 12개월이 채 걸리지 않았죠. 수십억 달러에 이르는 개발 비용이 줄어든 것이지요.

엑사이언티아는 기본 데이터가 적은 신약 분야의 특성을 고려해 적은 데이터 양으로 효율적인 학습을 할 수 있는 능동 학습 알고리즘을 개발했다고 해요. 능동 학습 알고리즘이 만들어낸 신약 물질 최종 후보는 DSP-1181이란 것인데요. 이는 인공지능이 수천만 개의 가상 분자를 생성한 뒤 다양한 변수가 들어 있는 데이터베이스에 넣어 약효를 점검하고 걸러내는 과정을 거쳐 선택된 물질이죠. 엑사이언티아의 홉킨스 대표에 의하면 앞으로 10년 후에는 인공지능이 모든 신약을 만들어낼지도 모른다고 하네요.

시간이 날 때는 어떤 일을 하나요?

편 시간이 날 때는 어떤 일을 하나요?

김 제가 SNS 활동을 좋아해서 틈만 나면 거의 페이스북에 들어가요. 이쪽 업계에서는 주로 페이스북을 사용하기 때문에, 들어가 보면 새로운 정보가 굉장히 많거든요. 계속해서 업데이트되는 소식들을 팔로우하지 않으면 뒤처지는 느낌이 들기도 하고요. 페이스북을 통해 새로운 정보를 접하고, 법적인 이슈가 나오거나 공공 의료 또는 원격 진료 등의 얘기가 나오면 함께 토론을 하기도 하죠.

편 요즘 주요한 관심사는 무엇인가요?

김 부끄럽지만 그동안에는 정부 정책이나 사회에 관심이 별로 없었어요. 이 일을 하면서 의료 환경의 변화나 기술에 대한 정부 지원과 정책 등에 부쩍 관심이 많아졌죠. 그래서 최근에는 정부기관과의 미팅을 통해 향후 정부의 연구 지원에 대해 논의하기도 하고, 외부 산업체들의 자문 역할을 하면서 의료 생태계 안에서 다 같이 성장하는 것에 대한 고민을 나누기도 해요.

편 매력은 무엇인가요?

김 저희들이 연구한 것들이 실제로 환자들의 건강과 의료계의 발전에 도움이 된다는 사실이 이 일의 가장 큰 매력이에요. 과학자로 일하는 경우 사람들의 건강 문제에 직접적인 도움이 되는 일은 많지 않거든요. 컴퓨터 공학자로서 모니터를 벗어나 실생활에 중요하게 쓰이는 기술을 다룬다는 것이 저에겐 굉장한 매력으로 느껴져요. 이로 인해 보람을 느끼기도 하고요. 또한 학교와 같은 독립적

한국경제신문 ABCD 포럼 강의

인 연구 공간을 벗어나 수많은 사람들이 오가는 현장인 병원에서 일하는 장점도 분명히 있죠.

두 번째 매력이라면, 이 일이 융합학문의 꽃이라는 점이에요. 의료데이터과학은 과학과 수학, 공학, 의학 등이 모두 녹아있는 융합학문이거든요. 그렇기에 의료데이터과학자로 일하려면 CT나 영상, 초음파에 대한 하드웨어와 물리의 이해도 필요하며, 소프트웨어를 다루는 능력, 수학과 의학, 관련 제도에 대한 지식도 갖추어야 해요. 하나의 학문이 아니라 다양한 분야를 아우르는 사람이 되어야 하는 것이죠. 저는 얇고 넓게 아는 것을 좋아하는 사람이라, 이 일은 그런 제 성향과 잘 맞아요. 저처럼 다양한 분야에 관심이 많은 분이라면 이 일이 적성에 맞을 것 같네요.

단점에 대해 알려주세요.

편 단점에 대해 알려주세요.

김 병원에서 일하는 분들과 전공도 다르고 성향도 좀 달라서 함께 일하다 보면 스트레스를 받을 수 있어요. 10년 가까이 일하다 보니 이젠 의학 용어에도 익숙해지고 어느 정도 적응이 됐지만, 저 역시 처음엔 병원 근무가 쉽지 않았죠. 일하는 방식도 사용하는 용어도 전혀 다르니까요. 한 가지 더 얘기하자면, 융합학문의 길을 걷게 되면서 다양한 직군의 사람들을 만나는 것이 저에겐 장점으로 다가왔는데요. 인간관계에 어려움을 느끼는 사람이라면 관계자들과 소통할 때마다 신경을 분산시키는 것이 스트레스로 작용할 수도 있을 거예요. 그런 분들에게는 여러 직군의 사람들과 함께 일하는 것이 단점이 될 수 있겠죠.

기억에 남는 일이나
에피소드가 있다면 소개해 주세요.

편 기억에 남는 일이나 에피소드가 있다면 소개해 주세요.

김 방사선 치료는 수술처럼 하루 만에 끝나지 않아요. 한 달 정도 매일 병원에 가서 치료를 받아야 하죠. 암세포와 정상 세포는 방사선에 대한 반응에 차이가 있거든요. 정상 세포의 경우 시간이 경과함에 따라 손상으로부터 조금씩 회복하는 반면, 암세포는 회복이 어려워요. 따라서 방사선을 수치 100 정도 환자에게 조사해야 한 나면, 한 번에 100을 모두 조사하는 것이 아니라 매일 일정량씩 나눠서 조사해야 정상 세포의 손상은 줄이고 암세포는 효과적으로 치료할 수 있게 되죠.

그런데 여기서 한 가지 문제가 발생해요. 우리의 몸은 고체가 아니기 때문에 치료 계획에 따라 방사선을 분할 조사한다고 해도, 결과가 100퍼센트 계획대로 되지는 않는다는 거예요. 정상 세포를 피해 암세포에만 조사되도록 치료 계획을 잘 잡더라도 신체의 형태가 조금씩 변화하기도 하고, 암 역시 치료를 통해 줄어들기도 하니까요. 가장 이상적인 방법은 치료를 30회 한다고 하면 매번 CT를 새로 찍어서 상태를 확인하고 다시 치료 계획을 세우는 것이에요. 하지만 실제로 그렇게 하긴 매우 어렵기 때문에 다소 부작용이 있더라도 원래 계획에 맞춰 치료를 했었는데요.

그런 점에 안타까움을 느껴 학위 논문을 쓸 때 관련 연구를 좀 했어요. 먼저 환자의 겉모습을 모니터링하며 환자 데이터를 수집했고, 이렇게 모은 데이터를 분석해서 환자의 상태나 패턴에 변화가 생기면 알아챌 수 있는 기술을 개발했죠. 이 기술을 이용해 다시 치료 계획을 세울 필요가 있는 환자들을 구분해 냈고, 그런 환자들을 효과적으로 치료하게 되었고요. 제 연구가 실제로 사람들에게 도움을 주는 것을 보며 큰 보람을 느꼈던 일이 지금까지도 기억에 많이 남아 있어요.

일을 하다 보면 어려움이나 문제가 생기는 경우도 있겠죠. 그럴 땐 어떻게 하세요?

📭 일을 하다 보면 어려움이나 문제가 생기는 경우도 있겠죠. 그럴 땐 어떻게 하세요?

📗 저는 원래 혼자 일하고 혼자 고민하는 외톨이형이었어요. 놀때는 많은 친구들과 어울려 함께 하는 걸 좋아했지만, 이상하게 공부나 일은 혼자 하는 걸 학생 때부터 선호했죠. 어떻게 보면 제 능력을 너무 과신해서 그랬던 거 같기도 해요. 하지만 대학원 생활을하고 연구를 본격적으로 하게 되면서 혼자서 해결할 수 있는 일이많지 않다는 걸 뒤늦게 깨달았어요. 이제는 문제가 생기면 주위의많은 분들로부터 도움을 받아 해결해 나가고 있죠. 일을 하다 보면감정적으로 힘들 때도 있는데요. 그럴 때 가끔은 SNS에 힘들다고푸념하는 글을 올리기도 해요. 글을 읽은 많은 분들이 댓글로 응원해 주시는 걸 보고 힘을 얻기도 하죠. 덕분에 술도 많이 얻어 마셨고요. 주위에 좋은 분들이 많아 늘 다행이라고 생각해요.

📭 일을 할 때 가장 고민되는 부분은 무엇인가요?

📗 사실 가장 원론적인 고민은 제가 연구한 것이 실제로 유용하

게 쓰일까 하는 것이에요. 수많은 데이터를 들여다보며 분석한 것들이 논문 몇 편 쓰고 연구 실적 쌓는 것으로 끝나는 것이 아니라 의사들이 사용하는 기술로 연결되기 위해 끊임없이 고민하고 있죠. 개인적인 고민도 하나 있는데요. 이쪽 분야의 일을 하다 보면 기술의 실용화 측면을 생각하지 않을 수가 없어요. 직접 회사를 차려서 관련 기술을 연구하고 개발해 여러 병원에 보급하는 것이 더 나은 건 아닌지 고민이 되더라고요. 데이터 자체가 병원에서 만들어지고 있고 의사가 주도권을 가지고 데이터를 생산해 내고 있기 때문에 지금은 가장 가까이에서 일하고 있지만, 산업계에서 다루어야 할 문제는 아닌지 생각 중이죠.

일을 잘 수행하기 위해
따로 노력하고 있는 것이 있나요?

편 일을 잘 수행하기 위해 따로 노력하고 있는 것이 있나요?

김 인공지능 분야의 경우 매우 빠르게 발전하고 있기 때문에 1~2년 전 연구라 해도 이젠 더 이상 쓰지 않는 과거의 기술이 되기도 해요. 그러다 보니 끊임없이 최신 논문을 찾아보며 공부하고 있죠. 학회나 회의에 꾸준히 참석하며 사람들과 새로운 정보를 교환하기도 하고요.

스트레스는 어떻게 해소하나요?

편 스트레스는 어떻게 해소하나요?

김 전에는 음악을 좋아해서 합창단 동아리 활동을 하며 스트레스를 풀었어요. 노래를 부를 때만큼은 온전히 음악에만 집중하게 되어 상념에서 벗어날 수 있거든요. 작년 연말에는 동아리 선후배들, 음악을 사랑하는 지인들과 함께 살롱음악회를 열기도 했어요. 마음이 통하는 몇몇 분들과 함께 와인을 마시며 음악을 들었는데, 바로 마음이 편안해지더라고요. 요즘엔 주로 SNS를 하면서 스트레스를 해소해요. 이 분야에서 일하는 분들의 글을 보며 새로운 정보를 얻는데도 사용하지만 사람들과의 소통이나 순전히 즐거움을 위해서도 SNS를 활용하고 있죠.

편 좌절감을 느끼거나 포기하고 싶었던 순간이 있었나요?

김 제가 이 일을 시작했을 당시에는 산업적인 측면에서건 직업적인 측면에서건 완전히 자리를 잡은 분야가 아니었기 때문에 밑바닥부터 다지는 작업이 필요했어요. 처음 이 병원에 왔을 때 저에게 주어진 건 방 한 칸에 책상 하나였죠. 그 외엔 아무것도 없었어요. 일을 하려면 컴퓨터는 물론 고성능 서버도 필요한데, 무에서 시작

대학 합창단 지인들과의 송년 음악회

하는 바람에 반년 정도는 셋업을 하는데 시간을 다 보냈죠.

　네이버 같은 곳에 취직하면 탄탄한 직장에서 안정감을 느끼며 높은 연봉을 받을 텐데, 신생 분야에 뛰어들어 고생을 하고 있으니 잘하고 있는 것인지 의문이 들었어요. 힘들기도 했고요. 하지만 어느 분야나 처음 뛰어든 사람은 나와 같을 거라 생각하며 마음을 다잡았어요. 그렇게 여기까지 왔죠. 이 책을 읽는 친구들이 사회에 나올 때쯤에는 직업적으로나 제도적으로나 상당 부분이 갖추어져 있을 텐데요. 그런 걸 생각하면 힘들었던 그 시절도 좋은 추억이 되고, 보람도 느껴지네요.

성취감을 느끼는 순간이 있나요?

편 성취감을 느끼는 순간이 있나요?

김 2018년도에 공학계와 의학계, 산업계의 전문가들이 모여 대한의료인공지능학회를 설립했어요. 아무것도 없는 상황에서 어렵게 만든 단체라 어느 정도 얼개가 갖추어지자 굉장히 뿌듯했죠. 병원에서의 일자리 역시 제가 하나하나 만들고 다듬어간 것이라 연구원들의 근무 환경이 나아질 때마다 성취감을 느끼고 있고요. 그렇지만 무엇보다 가장 큰 성취감을 느끼는 순간은 좋은 연구 결과를 논문이나 학회 발표를 통해 많은 사람들과 공유할 때이죠.

편 이 일을 꾸준히 해 나가는 원동력은 무엇인가요?

김 제가 하고 있는 일이 실제로 우리 국민들의 건강에 도움이 된다는 사실이 가장 큰 원동력이죠. 사람들의 건강과 삶의 질 향상에 어느 정도 기여를 하고 있다고 생각하면 힘들어도 계속 나아가게 돼요.

의료데이터과학자를 꿈꿨을 때와
되고 난 후 달라진 점이 있다면요?

편 의료데이터과학자를 꿈꿨을 때와 되고 난 후 달라진 점이 있다면요?

김 사실 제가 대학원에 다닐 때만 해도 많은 분들이 과학자로서 의대에서 학위 취득하는 것을 기피했어요. 의료는 어려울 거라는 막연한 생각에 의료데이터과학 분야의 공부를 주저했지요. 저도 사실 그랬던 학생 중 하나였고요. 하지만 이제는 의료데이터과학이 꽤나 큰 관심을 받고 있어요. 의대에서 공부하고 연구하는 것에 대한 주위의 다른 시선도 있는 게 사실이고요. 우리나라의 경우 의료 분야에 대한 선망이나 기대가 커서 그런 것 같아요. 정부 역시 이 분야에 전문가가 부족하다 보니 저희를 주목하고 있고요. 전이나 지금이나 같은 학문을 공부하고 같은 일을 하고 있지만, 초창기에는 전혀 주목받지 못하다가 지금은 사회의 큰 관심을 받고 있는 것이 가장 달라진 점이라고 할 수 있어요. 굉장히 역동적으로 변화하며 발전하는 분야라 세간의 관심과 기대는 더 커질 것 같네요.

어떤 마음의 자세로 일하세요?

편 어떤 마음의 자세로 일하세요?

김 이 일은 지구력이 굉장히 중요해요. 만장에서 십만 장 가까이 되는 데이터를 들여다보며 통찰력을 가지고 가치 있는 것들을 찾아내야 하는데, 사실 굉장히 길고 어려운 작업이거든요. 저는 이 일을 벽돌 쌓기에 비유하곤 하는데요. 벽돌 한 장 한 장을 차곡차곡 쌓듯이 데이터를 한 장 한 장 들여다보는 것도 비슷하지만, 일 자체의 고됨도 매우 유사한 측면이 있어서예요. 수만 장의 데이터를 연구하는 일이 때론 막일과 같은 강도로 다가오거든요. 늘 그런 건 아니지만 가끔 그렇게 힘든 순간이 오면 인내심을 발휘해 견뎌내고 있죠.

의료데이터과학자가 되려면
어떤 과정이 필요한가요?

편 의료데이터과학자가 되려면 어떤 과정이 필요한가요?

김 어떤 학문을 전공해야 한다고 정해진 건 없어요. 그렇지만 일을 하기 위해서는 기본적으로 AI에 대한 이해가 필요하기 때문에 대학에서 인공지능이나 관련 학문을 공부해야겠죠. 지금이야 학부에 인공지능 학과를 개설한 대학이 있지만, 모두 최근의 얘기라 지금 이 분야에서 일하는 분들을 보면 대부분 컴퓨터 사이언스나 전산학, 컴퓨터공학을 전공했어요. 수학이나 통계학을 공부한 사람도 있고, 일부지만 의과대학을 졸업한 사람도 있고요. 이렇게 출신 학부가 다양하다 보니 대학원 과정이 필수가 되었어요. 대학 졸업 후 보통은 의대 대학원에 개설된 의생명시스템정보학교실이나 공대의 전자공학과, 컴퓨터공학과 등에서 석사과정을 거친 후 병원에서 일하게 되죠. 박사과정까지 마치고 일하는 사람도 있고요.

편 대학 외에 의료데이터과학자를 양성하는 교육기관이나 전문 수련병원이 있나요?

김 대학병원 중 의료 정보를 다루는 곳에서 교육을 받을 수 있는데요. 국내에 의료 정보를 다루는 병원이 그렇게 많지는 않아요. 서울대학교병원이나 연세대학교 의과대학 세브란스병원, 차의과학대학교, 아주대학교병원과 같은 곳에서 관련 교육 과정이 운영되고 있죠. 병원 외에는 한국보건복지인력개발원 등에서 관련 교육을 제공하기도 해요. 학회를 통해서도 교육 프로그램이 제공되고 있지만, 한시적이라 장기적인 교육을 위한 기관이나 프로그램이 더 많아져야 한다고 생각해요.

유리한 전공이 있나요?

편 유리한 전공이 있나요?

김 인공지능을 공부하거나 의공학을 배우는 것이 유리하겠죠. 의공학은 의학과 공학, 자연과학의 융합을 기반으로 의료 영상과 의료기기, 진단 및 치료기기, 첨단 의료 기술을 개발하고 선도하는 학문이에요. 코딩이나 프로그램 개발 능력을 키울 수 있도록 컴퓨터 사이언스, 전산학, 컴퓨터공학을 전공하는 것도 도움이 되겠고요.

편 최근 들어 인공지능 관련 학과가 느는 것 같아요.

김 맞아요. 시대적 요구와 필요성에 따라 실제로 많은 대학에서 인공지능 학과를 개설해 인재를 양성하고 있으며, 현재 8개의 인공지능 대학원이 KAIST와 연세대학교, 포항공대 등에서 운영되고 있어요. 미래창조과학부에서도 지난 2015년부터 소프트웨어 중심 대학을 선정하여 각 대학의 교육 체계와 커리큘럼을 전면 개편해 신산업을 주도할 융합 인재와 인공지능 인재를 길러내기 위해 지원을 아끼지 않고 있죠. 2021년에는 건양대학교 의료인공지능학과 개설이 예정되어 있어요. 교육부에서 의료인공지능학과를 첨단학과로 선정하였고, 이에 건양대학교는 의료 분야에 특화된 인공지능 인재를 양성하기 위해 의료인공지능학과를 운영하기로 했죠. 대학병원의 연구진과 함께 의료 분야 프로젝트를 진행하며 학생들의 역량을 키워나갈 것이라고 하네요.

편 경쟁률은 얼마나 되나요?

김 국내 최초로 학부에 인공지능학과를 신설한 가천대학교의 경우 첫 신입생 50명을 선발했을 때 수시에서 18.2대 1이란 높은 경쟁률을 보였어요. 다른 대학 역시 경쟁률이 높은 편인데요. 인공지능과 의료에 대한 관심, 4차 산업혁명의 영향, 정부의 지원 확대 등으로 인해 경쟁률은 더 높아질 거라 생각해요.

교과 과정이나 수업 방식이 궁금해요.

편 교과 과정이나 수업 방식이 궁금해요.

김 워낙 전공이 다양하다 보니까 한 가지로 얘기하긴 힘들지만 대체로 실습의 비중이 많은 편이에요. 제 수업 역시 실습이 주를 이루고 있죠. 아무래도 직접 데이터를 다뤄야 하고, 코딩도 해야 하기 때문에 실습 위주로 교육을 하고 있어요. 일반적으로 1, 2학년 때에는 코딩이나 수학과 같은 기초 학문을 배우고 3, 4학년 때에는 딥러닝이나 로봇공학, 데이터 과학, 자연어 처리, 빅데이터 등의 심화 학문을 배우는 것으로 커리큘럼이 구성되어 있죠. 대학원의 경우 데이터 과학 관련 심화 과정을 실습 혹은 강의로 구성하여 제공하고 있고요.

편 기억에 남는 수업이 있나요?

김 인공지능 수업 중에 프로젝트를 수행한 적이 있어요. 가끔 멜로디는 생각이 나는데 가사나 노래 제목이 떠오르지 않아 답답할 때가 있잖아요. 그럴 때 피아노 건반 같은 걸 눌러 멜로디만 치면 최대한 비슷한 음악이 검색되는 프로그램을 개발했었죠. 이런 프로젝트가 힘들긴 하지만 재미도 있어서 지금까지도 기억에 많이

NVIDIA 딥러닝 데이 강의

남아 있네요.

편 학업 과정이 실제 업무를 할 때 도움이 되었나요?

김 물론이죠. 실용 학문이라 대학에서 배운 것들 중 상당수가 일할 때 계속 쓰이거든요. 당장은 쓰이지 않더라도 나중에 필요하게 되는 경우도 있고요. 그러니 학생 때에는 교육 과정에 충실히 임해 기본 역량을 키우는 것이 무엇보다 중요해요.

학창 시절에 어떤 준비를 하면 좋을까요?

편 학창 시절에 어떤 준비를 하면 좋을까요?

김 융합 학문을 하기 위해선 다양한 경험에 미리 익숙해지는 것이 필요해요. 어떤 문제가 눈앞에 놓여있을 때 다양한 방법을 동원해 해결할 수 있는 능력을 키울 수 있도록 코딩뿐 아니라 과학적 사고능력이나 창의력을 개발할 수 있는 활동을 하면 도움이 될 거라 생각해요. 기본적인 학과 공부로 기초 실력을 탄탄히 하는 것과 더불어 과제 해결 위주의 경진대회 등에 참가해 보는 것도 좋겠고요. 요즘은 인공지능 경진대회가 많더라고요.

편 경쟁력을 갖추려면 대학교에서 어떤 활동을 하는 게 좋을까요?

김 저 같은 경우 요즘에도 학부생들과 작업을 많이 하는데요. 학과 공부 자체만으로는 부족한 부분이 있을 수 있기 때문에 이런 친구들처럼 병원이나 산업체에서 진행하는 연구에 참여해 본다면 나중에 실무를 하는데 큰 도움이 될 거라 생각해요. 제 주변만 봐도 연구 수행 경험이 있는 학생과 그렇지 못한 학생은 대학원을 가거나 취업을 하고 난 이후 역량이나 업무 성취도에서 확실히 차이가 나더라고요. 그런 걸 잘 아는 친구들 중에는 휴학까지 하고 관련 산업체에 취직해 인턴십을 하는 학생도 있죠. 실제 데이터를 다뤄보는 것이 그만큼 중요하기 때문에 경험해 볼 기회가 있다면 꼭 권하고 싶어요.

인턴십이 불가능한 상황이라면 의료 부분은 따로 공부를 해 두는 것이 좋아요. 기초 지식도 탄탄하고 코딩을 잘해도 막상 병원에 오면 의료 데이터를 보고 겁을 내는 친구들이 꽤 있거든요. 익숙지가 않아서 그런 거라 관련 공부를 해 둔다면 실무에서 크게 당황하지 않을 거라 생각해요. 유튜브나 국가에서 진행하는 교육 과정을 활용해 보세요. 의료 데이터 과학이 중요한 산업으로 떠오르면서 진흥원이나 교육원, 인재개발원 등에서 관련 프로그램을 많이 개설했더라고요. 국비로 지원해 주는 과정도 많고요. 다양한 길이 있으니 자신에게 맞는 방법을 찾아 의료 분야에 좀 더 익숙해지면 좋겠어요.

편 대학교와 대학원 수업에는 어떤 차이가 있을까요?

김 대학에서는 기초 학문을 다지고 실습을 통해 실무 능력을 쌓아요. 전산학이나 컴퓨터공학은 필수고, 통계학이나 수학의 기본 지식도 필요하기 때문에 관련 공부를 하게 되죠. 대학원에 가게 되면 실제 데이터를 더 많이 다루면서 실무 경험을 쌓게 돼요. 논문을 써서 학문적인 성취를 이루거나 프로그램을 만들어서 상업화를 하기도 하고요.

필요한 자격이 있나요?

편 필요한 자격이 있나요?

김 의료데이터과학자가 되는데 필요한 자격은 따로 없어요. 대학에서 관련 전공을 이수하고 대학원에서 석사 학위를 취득하는 정도면 이 일을 할 수 있죠. 사실 일부 기관에서 인공지능과 관련된 자격증을 만들고 있는데, 이런 자격을 취득하기 위해 애쓸 필요는 없어 보여요. 전문 인력을 길러내는 양성소의 역할을 하기보다는 자격증을 돈벌이 수단으로 사용한다는 비판을 많이 받고 있거든요.

외국어를 잘해야 하나요?

편 외국어를 잘해야 하나요?

김 외국어 중에서도 영어를 잘해야 해요. 컴퓨터 코딩 자체도 그렇지만 공부하고 일할 때 쓰는 기술 문서나 논문들이 모두 영어로 되어 있거든요. 원활하게 읽고 이해하려면 영어는 필수로 해야 하죠.

어떤 자질을 갖추어야 하나요?

편 어떤 자질을 갖추어야 하나요?

김 인공지능 분야는 그 어떤 분야보다도 역동적으로 변화하고 있어요. 그 속도에 맞춰 유연하고 빠르게 대처하는 사람이면 좋겠어요. 여러 직종의 사람들과 함께 일해야 하는 만큼 소통을 잘하는 사람이었으면 하고요. 사람들과의 원활한 관계 말고도 일 자체에 소통이 필요하기도 해요. 수많은 영상을 보다 보면 의문이 생길 수밖에 없거든요. 잘 모르겠는 것도 있고요. 그럴 때 혼자 끙끙거리는 것이 아니라 바로바로 묻고 논의할 수 있는 활발한 소통 능력이 필요하죠. 이 두 가지 모두 열린 마음이 바탕에 있어야 해요. 보는 눈과 판단하는 생각이 열려 있으면 어떤 대상이나 변화에도 유연하게 대응하고 민첩하게 반응할 수 있죠. 새로운 것에 대한 학습능력도 높고요.

그리고 저희 일이 다른 분야와 달리 뚜렷한 목표치를 제시해주지 않는데요. 그러다 보니 스스로 목표를 설정하고 그것을 향해 매진하는 힘이 필요해요. 제조업의 경우 어떤 제품을 만든다고 하면 공정률 95퍼센트 등의 목표치를 정해주잖아요. 이 일은 그렇지 못하기 때문에 자발적으로 목표를 수립하고 하나씩 이뤄나가는 것이 중요하죠. 계획에 맞춰 한 단계 한 단계 올라갈 때마다 성취감을 느끼고 다음 단계에 대한 의욕이 생기는 사람이면 좋겠네요.

어떤 성격을 가진 사람들이 적합한가요?

편 어떤 성격을 가진 사람들이 적합한가요?

김 앞에서도 잠깐 얘기했지만 이 일을 잘 해내려면 지구력이 있어야 하죠. 간단한 일인 경우 데이터를 넣고 평균 등의 계산을 하면 끝나기도 하지만 대부분은 장기적으로 데이터를 처리해야 해요. 보통 인공지능 모델을 개발하고 이후에 활용 방안을 논의하는데, 개발에 드는 시간이 80퍼센트, 논의에 쓰는 시간이 20퍼센트 정도예요. 그 80퍼센트의 시간 내내 굉장히 많은 양의 데이터와 씨름해야 하니 처음엔 지루하게 느껴질 수도 있어요. 금방 눈에 보이는 결과가 나오는 것도 아니라 지칠 수도 있고요. 그런 것들을 이겨내기 위해서는 인내와 노력으로 끈기 있게 나아가는 지구력이 필수라고 생각해요.

편 유학이 필요한가요?

김 의료데이터과학은 신생 학문이기 때문에 미국이 특별히 선두에 있지는 않아요. 다른 나라들도 마찬가지고요. 본인이 외국 생활에 관심이 있거나 국외로 진출하겠다는 목표가 있는 것이 아니라면 국내에서 공부해도 충분하다고 생각해요. 게다가 우리나라는 의료 체계가 잘 갖춰져 있고, 임상 분야에서는 한국이 최첨단에 있기 때문에 그런 이유로도 연수나 유학을 갈 필요는 없어 보여요. 물론 보다 경쟁적이며 많은 기회가 열려있는 학습 환경을 원한다면 유학도 좋은 선택이라고 생각해요.

의료데이터과학자가
되면

연봉은 어느 정도인가요?

편 연봉은 어느 정도인가요?

김 일반 산업체 기준으로 보면 의료 인공지능을 하는 스타트업이 IT업계 중에서는 연봉이 가장 높다고 해요. 현재 IT업계를 통틀어 의료 데이터 분야만큼 관심도가 높고 투자도 많은 분야가 없기 때문이죠. 물론 그중에서도 더 주목받는 회사들과 그렇지 못한 회사들은 다소 차이가 나겠지만 전반적으로 인기가 많은 편이라 평균 연봉이 높은 편이에요. 또한 이 분야는 인센티브제를 운영하고 있어 개인의 능력과 성과에 따라 연봉은 더 높아질 수 있어요.

편 초임자의 연봉은 보통 얼마인가요?

김 정확히 얼마라고 얘기할 순 없지만 동일 학력자들이 일반 기업에서 받는 수준보단 훨씬 높다고 들었어요. 또한 대학에서 관련 프로그램을 만들었던 경력이나 프로젝트에 참여한 경험 등이 있으면 그에 따라 연봉 협상도 가능하죠.

직급 체계는 어떻게 되나요?

편 직급 체계는 어떻게 되나요?

김 연구원으로 재직하게 되면 보통 선임연구원, 책임연구원, 수석연구원의 직급을 갖게 돼요. 저처럼 병원에서 연구와 교육을 함께 하는 경우 의사와 마찬가지로 강사, 조교수, 부교수 순으로 직급이 올라가고요.

근무 시간은 어떻게 되나요?

편 근무 시간은 어떻게 되나요?

김 근무 시간이 꽤 자유로운 편이에요. 물론 정해진 근무 시간이 있지만 개인의 상황에 따라 유연하게 조정하는 것이 가능하며, 연구원의 경우 굳이 일과 시간을 정해놓지 않고 상황에 따라 유동적으로 일하고 있죠. 일이 많아지면 늦게까지 하는 경우도 종종 있지만 그걸 강요하는 분위기도 없고요. 근무 형태 역시 자유로운 편이에요. 컴퓨터만 있으면 어디서든 할 수 있는 일이라 코로나19로 인

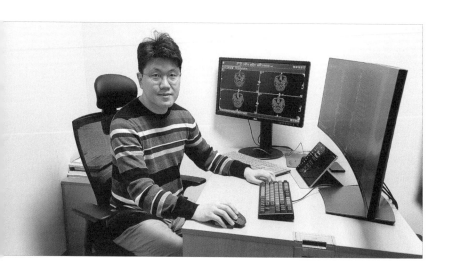

해 재택근무가 늘면서 이 분야 역시 집에서 근무하는 사람이 많아
졌죠.

편 휴일에도 일하나요?

김 다뤄야 하는 데이터의 양이 많다 보니 휴일까지 일하는 경우
도 있어요. 하지만 누구도 강요하지는 않아요. 본인이 즐거우면 휴
일에도 하는 거죠.

근무 여건은 어떤가요?

편. 근무 여건은 어떤가요?

김. 산업체의 경우 업계에서 가장 좋은 대우를 해 주고 있어요. 병원 역시 제가 이 일을 처음 시작할 때보다 여건이 많이 좋아져서 이젠 의사와 거의 동등한 대우를 해 주고 있죠. 지금은 의사나 공학자나 직급 체계가 동일하고, 복지나 처우 면에서도 차이가 없거든요. 예전에는 상하관계 같은 구조였다고 하는데, 이젠 협력 연구자로서 그에 맞는 합당한 대우를 받고 있죠. 저희들은 환자를 보지 않기 때문에 진료에 대한 부분만 제외하면 의사와 같은 수준의 환경에서 일한다고 할 수 있어요. 직급에 따른 상하관계도 엄격한 편이 아니라 꽤 자유로운 분위기에서 근무하고 있고요.

편. 복지 여건은 어떤가요?

김. 산업체든 병원이든 일하는 곳의 상황에 따라 복지 여건이 모두 다르겠죠. 저희 병원의 경우 직원들은 진료비 50퍼센트 감면 혜택을 받을 수 있어요. 배우자와 직계가족은 30퍼센트 감면이고요. 비수기 건강검진 시에는 50퍼센트 할인도 받을 수 있죠. 또한 원내에 구내식당과 피트니스가 있어서 편리하게 이용이 가능해요.

노동 강도는 어느 정도인가요?

편 노동 강도는 어느 정도인가요?

김 해야 할 일의 양은 많지만 강도가 그렇게 세진 않아요. 때론 수만 장의 데이터를 들여다보는 일이 고되게 느껴질 수도 있지만, 본인의 적성에만 맞는다면 재미있게 느껴질 수도 있죠. 저도 가끔 늦게까지 일하는 날이 있는데요. 데이터를 보다 보면 시간 가는 줄 모르고 빠져들어서 그런 거지, 누가 시켜서 오래 앉아있는 게 아니거든요. 회사에서 야근을 강요하는 것이 아니라 스스로 일에 빠져서 즐겁게 하다 보니 다소 퇴근 시간이 늦어져도 육체적으로나 정신적으로나 힘들다는 생각은 많이 안 들더라고요.

정년이 있나요?

편 정년이 있나요?

김 새로운 분야의 일이기 때문에 아직은 나이 때문에 퇴직한 사람이 없어 정년이 언제까지라고 말하긴 어려워요. 다른 많은 분야도 마찬가지겠지만 이 일 역시 능력만 있다면 정년은 큰 의미가 없다고 생각해요.

직업병이 있나요?

편 직업병이 있나요?

김 컴퓨터를 오래 사용하게 되면 손목과 목, 눈 등에 무리가 오기 마련이죠. 같은 근육을 반복적으로 사용하다 보면 근육이 잘 뭉치게 되고, 통증도 생기잖아요. 특히 좋지 않은 자세로 오랫동안 컴퓨터를 사용하게 되면 통증은 더 심해지겠죠. 바른 자세로 앉아 일하고, 일하는 중간중간 가벼운 스트레칭을 해 주는 것이 필요해요. 모니터를 오래 바라보면 눈이 마르고 뻑뻑해지기도 하는데요. 50분 정도 모니터를 봤으면 5분 정도는 눈을 감거나 먼 곳을 보며 휴식을 취하는 것이 좋아요. 실내조명을 모니터보다 밝게 유지하고요.

처음 의료데이터과학자가 되었을 때
가장 걱정됐던 점은 무엇인가요?

📝 처음 의료데이터과학자가 되었을 때 가장 걱정됐던 점은 무엇인가요?

김 병원이라는 특유의 공간에서 내가 잘 적응할 수 있을까 하는 게 가장 큰 걱정이었어요. 병원만이 가지는 고유의 정치문화라든가 경직되고 보수적인 분위기가 저에겐 좀 낯설었거든요. 그래도 한 10년을 일하다 보니 이젠 많이 익숙해졌어요. 시간이 흐르면서 분위기가 한결 나아진 점도 있고요. 사실 조직에 적응하는 일은 어느 회사에 들어가건 누구나 겪어야 하는 일이죠. 강한 자가 살아남는 것이 아니라 잘 적응하는 자가 살아남는다는 말도 있잖아요. 어떤 조직에서건 새로운 환경에 나 자신을 맞출 수 있는 능력, 새로운 사람들과 친밀한 관계를 형성해 나가는 능력을 발휘하는 것이 필요하겠죠. 많은 사람들이 도전하지 않는 길을 간다는 두려움도 없지는 않았어요. 하지만 이 일이 가치 있다는 증거들이 조금씩 보이기 시작했고, 동료들이 늘어나면서 이 분야에 확신을 갖게 되었죠.

다른 분야로 진출이 가능한가요?

편 다른 분야로 진출이 가능한가요?

김 의료 데이터를 공부하게 되면 일할 수 있는 곳이 굉장히 많아요. 의료 인공지능을 활용하는 분야가 매우 다양하거든요. 예를 들면 GE나 필립스, 삼성과 같은 의료기기 회사에서 일할 수도 있고, 제약회사에 취업할 수도 있죠. GE 헬스케어는 병원 데이터를 분석하고 예측해 환자 처방, 앰뷸런스 이송, 응급실 배정 등의 시간을 효율적으로 관리하는 시스템을 개발했는데, 의료 인공지능 기술을 이용해 이와 같은 업무를 할 수도 있거든요. 제약회사에서 신약을 발굴하거나 임상 시험에 쓰이는 AI를 개발할 수도 있고요. 국내 의료 경쟁력을 높이고 스마트 의료 인프라를 확충하기 위해 정부가 여러 가지 정책을 내놓는 만큼 공공기관에서 일할 수 있는 기회도 더욱 많아지겠죠?

전 세계 의료데이터과학자들과 함께한 자리에서
의료 인공지능의 현재와 미래에 대해 발표

현재 삶에 만족하세요?

편 현재 삶에 만족하세요?

김 이번 코로나19 사태 때 개인적으로 시간을 내야 하는 일이 있었는데요. 근무 형태가 유연하다 보니 제 시간을 자유롭게 쓸 수 있어 도움이 많이 되었죠. 오늘 아침에는 집에서 나와 라이딩을 했어요. 출근 시간에 쫓기지 않고 여유롭게 하루를 시작했죠. 매일 가야 하는 회사의 분위기가 엄격하거나 경직되어 있으면, 그로 인한 스트레스도 만만치 않잖아요? 일 자체에 재미와 만족을 느끼기도 하지만, 제 직장이 유연하고 융통성이 있다는 것도 만족스러운 부분이죠.

이 분야가 빠르게 변화하는 만큼 성과도 그에 맞게 빨리 나와 줘야 하기 때문에 때론 압박감을 느끼기도 해요. 하지만 요구에 부응하는 성과를 내고 좋은 평가를 받게 되면 큰 성취감을 느낄 수 있죠. 지금 의료 데이터 분야가 세간의 큰 주목을 받고 있잖아요. 하루에도 몇 통씩 도움을 주고 싶다는 내용, 협업하고 싶다는 내용의 메일이 와요. 그런 글을 읽으면 내가 잘 가고 있다는 확신도 들고, 관심을 받는다는 것 자체가 즐겁기도 해요.

편 의료데이터과학자가 된 걸 후회한 적은 없나요?

김 사실 공부할 때는 힘들어서 다른 길을 생각해 본적도 있지만, 지금은 제 삶이 정말 만족스러워요. 내가 좋아하는 일, 내가 하고 싶은 일을 하고 있으니까요. 노력한 만큼 좋은 반응을 얻으면 보람과 성취감을 느낄 수도 있고요. 종종 시간을 내서 학회에 참석하는데요. 발표도 하고 강의도 듣고 이 분야의 전문가들과 소통도 할 수 있어 도움이 되고 있어요. 거기다 학회와 여행을 겸할 수 있다는 장점도 있죠. 보통 여름과 겨울에 일주일간 공식적인 휴가를 가고, 그 외에 두세 달에 한 번씩 학회에 참석해 그 주변을 여행해요. 여행을 통해 스트레스도 해소하고 새롭게 시작할 수 있는 힘을 얻기도 하죠.

편 존경하는 의료데이터과학자가 있다면 소개해 주세요.

김 서울아산병원의 김남국 교수님이 가장 먼저 떠오르네요. 김 교수님은 이 분야가 주목받기 한참 전부터 관련 연구를 해 오셨어요. 십수 년을 무명으로 보내다 스타가 된 연예인처럼 오랜 기간 잘 알려져 있지 않은 분야를 공부하다 이제는 최고의 성과를 거두고 계시죠. 현재는 딥러닝과 3D 프린팅을 중심으로 실제 임상 수술이나 훈련 등을 향상시킬 수 있는 기술을 연구하고 계세요. 아주 오래전에 의료 인공지능이라는 새로운 분야에 도전해 꿋꿋이 이 길을

고등학교 동문들과 축구 시합

걸어오신 교수님이 매우 존경스러워요. 지금도 그분께 많이 배우고 있죠.

서울대의 김주한 교수님도 존경하는 분이에요. 의대에서 박사 학위까지 받았지만 거기서 멈추지 않으셨어요. MIT로 가 의료정보학 석사 학위를 취득하셨죠. 이후 교단에서 학생들을 가르치셨는데, 교수님의 제자들이 지금은 저희 병원에서 학생들을 가르치고 있어요. 현재는 보건복지부에서 주관하는 헬스케어 빅데이터 쇼케이스 구축 사업에 연구 책임자로 참여하고 계세요. 미래의 보건 의료 기반을 확충하고 국민의 의료 서비스 질 향상을 위해 노력 중이 시죠. 미래 헬스케어 산업의 선구자로 불리며 왕성하게 활동하는 모습을 보면 정말 존경스러워요.

📧 다시 태어나도 의료데이터과학자가 되고 싶은가요? 만약 직업 선택의 자유가 주어진다면 어떤 일을 하고 싶나요?

🧓 이 일이 좋고 제 직업에 만족하고 있지만, 다시 태어난다면 다른 일에도 도전해 보고 싶네요. 사실 어렸을 때 꿈 중 하나가 축구 선수였거든요. 축구 선수가 될까, 그냥 공부를 할까 고민한 적이 있어서 삶이 한 번 더 주어진다면 그땐 축구를 해보고 싶어요.

질병관리청에서는 대한민국 청소년의 건강 행태 현황을 파악하고 보건 지표를 산출하기 위해 2005년부터 매년 〈청소년 건강 행태 조사〉를 실시하고 있어요. 전국의 수많은 학교 중 800개 표본 학교가 선정되면 해당 학교의 표본 학급 학생들은 전산실에 입실해 익명으로 기입식 온라인 조사를 실시하게 되죠. 모든 학교의 조사가 끝나면 의료데이터과학자는 이 결과를 분석하고 공표하는데요. 이렇게 모인 데이터는 어떻게 활용할 수 있을까요?

우선 조사 내용을 살펴봐야겠죠. 흡연이나 음주, 신체활동 등 총 16개 영역에 105 문항으로 이루어져 있으며 자세한 내용은 다음과 같아요.

1. 흡연
- 평생/월간 흡연
- 평생/월간 궐련형 전자담배 사용
- 매일 흡연 시작 연령
- 담배 구매 용이성
- 가정/학교/공공장소 실내 간접흡연
- 담뱃갑 경고 그림 인지/건강 위해/금연 의지
- 평생/월간 액상형 전자담배 사용
- 처음 흡연 경험 연령
- 월간 흡연량
- 금연 시도 경험

2. 음주
- 평생 음주 경험
- 처음 음주 경험 연령
- 만취 경험
- 현재 음주
- 월간 음주량
- 주류 구매 용이성

3. 신체 활동
- 하루 60분 이상 신체 활동
- 근력강화운동
- 주간 걷기 일수/시간
- 스포츠 활동팀 수
- 고강도 신체 활동
- 주중/주말 앉아서 보내는 시간
- 주간 체육시간 운동 횟수
- 이동 시 신체 활동 일수/시간

4. 식생활

- 아침 결식
- 과일/채소/우유 섭취
- 탄산음료/단맛 나는 음료/에너지 음료/패스트푸드 섭취
- 학교에서 영양 교육
- 편의점 식사 경험/식품
- 우유 및 유제품 섭취
- 물 섭취

5. 비만 및 체중 조절

- 신장
- 체중
- 월간 체중 조절
- 신체 이미지 왜곡 인지
- 체중 조절 방법

6. 정신건강

- 스트레스 인지
- 주관적 수면 충족
- 주중/주말 수면 시간
- 우울감 경험
- 자살 생각
- 자살 계획
- 자살 시도

7. 손상 및 안전 의식

- 안전벨트 착용(승용차, 택시 앞/뒷좌석, 고속버스)
- 학교 손상으로 인한 병원 치료
- 학교에서 안전 교육 경험

8. 구강 건강

- 하루 동안 칫솔질
- 취침 전 칫솔질 실천
- 점심 식사 후 칫솔질 실천
- 구강용품 사용
- 치과 진료 경험
- 실란트(치아 홈 메우기) 경험
- 스케일링 경험
- 주관적 구강 건강 인지

• 구강 증상 경험 • 구강 보건 교육 경험

9. 개인위생
• 비누 이용 손 씻기 실천(학교/집에서 식사 전/화장실 사용 후, 외출 후 귀가 시)
• 학교에서 손 씻기 미 실천 이유 • 학교에서 개인위생 교육 경험

10. 성행태
• 성관계 경험 • 피임 경험/방법
• 학교에서 성교육 경험

11. 아토피-천식
• 천식/알레르기 비염/아토피 피부염 의사 진단

12. 약물
• 평생 약물 경험 • 현재 약물 사용

13. 인터넷 중독
• 주중/주말 학습 목적 이외 인터넷 사용 시간

14. 건강 형평성
• 성별 • 태어난 연도/월
• 가족 구성원 • 친부모/양부모와의 동거 여부
• 친부모 학력/태어난 나라 • 주관적 학업 성적
• 주관적 경제적 상태 • 현재 거주 형태
• 학년

15. 폭력

• 폭력으로 인한 병원 치료 경험

16. 기타

• 주관적 건강 인지

문항이 꽤 많네요. 이러한 질문의 답을 분석해서 우리가 얻을 수 있는 것은 무엇일까요? 나만의 활용 방안을 생각해 보세요.

나만의 데이터 활용 방안 1
·······························

나만의 데이터 활용 방안 2

나만의 데이터 활용 방안 3

의료데이터과학자는 인공지능을 이용해 진료 정보나 의약품 정보, 영상 정보 등 가능한 모든 데이터를 취합하고 분석하여 얻은 결과와 포괄적인 통찰력을 환자의 치료에 활용하고 있어요. 방대한 양의 의료 데이터는 환자의 치료뿐만 아니라 신약과 의료기기 개발, 맞춤형 정밀 의료 등에도 이용되고 있죠. ICT 기반의 산업계 비즈니스 모델 발굴을 통한 새로운 가치 창출에도 쓰일 수 있고요. 여러분에게 의료 데이터가 주어지고 이를 활용한 애플리케이션을 개발할 수 있는 기회가 생긴다면 어떤 앱을 만들지 생각해 보세요.

애플리케이션 명칭

•

제공 서비스

•

•

•

•

•

•

•

활용되는 의료 데이터의 종류

•

•

•

•

•

•

애플리케이션 명칭

•

제공 서비스

•

•

•

•

•

•

•

활용되는 의료 데이터의 종류

•

•

•

•

•

•

지금 우리가 사용하고 있는 앱 중에도 의료 데이터를 활용한 것들이 많이 있어요. '의료기관별 상세 정보'를 이용해 병원의 예약과 접수를 도와주고 실시간으로 대기 순서를 알려주는 앱을 사용해본 학생도 있을 거예요. 코로나19의 유행으로 인해 마스크 부족 현상이 나타나자 얼마 전에는 '공적 마스크 판매 정보'를 이용해 주변 약국의 마스크 재고나 입고 시간을 알려주는 앱도 출시되었죠. '의약품 정보'를 이용해 사용자의 카메라로 찍은 약의 정보를 제공하거나 복약 시간을 알려주는 앱도 있고요.

의료데이터과학자는 의료진과 함께 의료 현장에서 필요한 개선점(임상적 미충족 수요Clinical Unmet Needs)을 파악하고 문제 해결 방법을 상의해요. 이후 문제를 해결하기 위한 적절한 데이터를 수집하고, 주로 인공지능 기술을 활용해 데이터를 분석하게 되죠. 그 일련의 과정에서 기술적 지원이 필요한 부분들은 모두 의료데이터과학자의 몫이라고 할 수 있어요. 정리하자면, 다음과 같은 순서로 일한다고 볼 수 있죠. 여러분들의 이해를 돕고자 식사를 위해 요리를 하는 것과 비교해 보았어요.

1단계

임상적 미충족 수요를 발견하고,
어떤 데이터로 어떻게 해결할지
의료진과 논의하기

———

오늘은 어떤 음식을 먹으면,
가족들이 배부르고 행복할까?
고민하기

2단계

문제 해결에 적절한
데이터를 모으고,
활용하기 좋도록 잘 가공하기

———

그 음식을 만들기 위한
다양한 재료를 준비하고,
요리하기 좋게 잘 다듬기

3단계

**인공지능 알고리즘을 적용하여
데이터 분석하기**

———

프라이팬 등 좋은
요리 기구를 활용하여
재료를 요리하기

4단계

**만든 의료 인공지능 모델이
목표로 했던 문제를
잘 해결하는지 평가하기**

———

가족들에게 먹여보고
반응 살피기

> 이런 과정을 거친 후에 잘 만들어졌다고 평가된 의료 인공지능 모델은 병원 현장에서 활용되며 의료진의 진단 등을 돕게 돼요. 요리에 비교하자면, 드디어 가족 공식 식단으로 등극하게 된 것이죠. 물론 활용 과정에서 문제가 발생하면 수정을 하게 되고요. 이는 레시피 개선 및 변경의 과정이라고 생각하면 될 것 같네요.

아직도 좀 어렵게 느껴지는 친구들을 있다고요? 그럼 좀 더 구체적인 예를 통해 의료데이터과학자의 업무를 살펴볼게요.

대한민국 최고의 병원인 한국병원 영상의학과 전문의 나의사 선생님은 언제부턴가 몰려들기 시작한 뇌경색 환자들로 인해 골치가 아프기 시작했어요. 머리가 아프고 어지러워 병원을 찾는 환자들이 너무 많았거든요. 뇌경색이란 뇌의 혈관이 막혀 뇌 조직이 괴사하는 질환이에요. 뇌경색 진단을 위해서는 뇌 컴퓨터단층촬영Computed Tomography, CT 영상을 찍어야 하고요. 골든타임이 중요한 질환인데, 환자들이 몰리는 바람에 마음은 조급해지고 뇌 CT 영상에서 병변을 찾아내기란 사막에서 바늘 찾기처럼 쉽지가 않았죠. 매번 식은땀을 흘려가며 겨우겨우 진단을 하고 환자들을 살려내긴 했지만, 1년 365일 내내 이렇게 할 수는 없다는 생각에 고민이 깊어져 갔어요.

그러다 같은 병원에서 근무하는 의료데이터과학자 김휘영 선생님을 찾아가 고민을 털어놓았죠. 김휘영 선생님은 자동으로 뇌 CT 영상에서 뇌경색 병변을 찾아주는 인공지능 프로그램을 만들자고 제안했어요. 그렇게 되면 빠르고 정확하게 병변을 찾아내어 나의사 선생님의 노력과 시간을 절약할 수 있고, 환자들에게도 큰 도움이 될 거라면서요.

나의사 선생님은 뇌경색 진단 의료 인공지능 모델의 학습 재료가 될 환자들의 CT 영상 자료를 모으기 시작했어요. 수집한 자료마다 찾아야 할 병변들의 위치를 하나하나 정성스레 표시해 주었고요. 그 재료들을 받은 김휘영 선생님은 해당 영상을 컴퓨터가 이해하기 좋게 잘 처리하고 정리해 컴퓨터에 입력했어요. 나의사 선생님이 표시해 준 병변을 찾아내도록 인공지능 모델을 학습시켰고요. 학습된 인공지능 모델은 다음 그림에서 보이는 것처럼 왼쪽의 뇌 CT 영상을 입력으로 받아서, 오른쪽처럼 뇌경색 병변을 빨간색으로 표시해 줄 수 있게 되었죠.

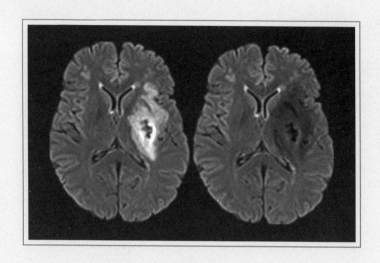

뇌경색 병변이 있는 뇌 CT를 100개쯤 프로그램에 넣어봤는데, 99개의 뇌경색 병변을 찾아냈고 한 개는 찾지 못했어요. 김휘영 선생님은 이 정도면 뇌경색 환자들의 진단을 돕기에 충분한 성능이라고 판단해 자랑스레 나의사 선생님에게 보여주었죠.

새로운 인공지능 모델을 본 나의사 선생님은 매우 기분이 좋아졌어요. 평소에 10분은 들여다봐야 보일까 말까 했던 뇌경색 병변들이 이 프로그램을 통하면 5초 만에 그 위치를 정확하게 드러냈거든요. 이제 응급 환자들이 오면 이 프로그램의 도움을 받아 빠르게 뇌경색을 진단할 수 있게 되었어요. 수술방에서 기다리고 있는 신경외과 선생님께 수술할 병변의 위치까지 정확하게 알려줄 수 있게 되었고요. 이 뇌경색 진단 의료 인공지능 모델 덕분에 한국병원은 뇌경색 환자 10명 중 1명꼴로 놓치던 골든타임을 더 이상 놓치지 않을 수 있게 되었죠.

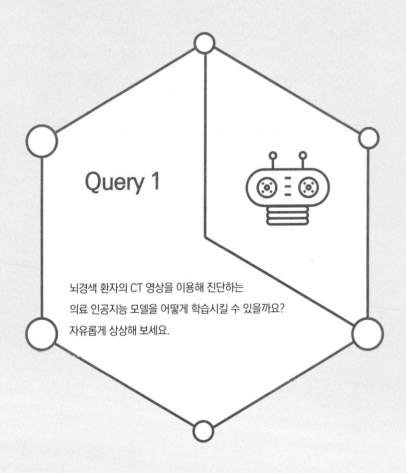

Query 1

뇌경색 환자의 CT 영상을 이용해 진단하는
의료 인공지능 모델을 어떻게 학습시킬 수 있을까요?
자유롭게 상상해 보세요.

내 생각은?

영상 판독을 위한 의료 인공지능 학습 방법

인공지능 모델이 우리가 원하는 일을 잘 하도록 데이터를 이용해 가르쳐주는 과정을 '학습Training'이라고 해요. 인공지능 모델의 학습 방법은 크게 지도 학습과 비지도 학습, 강화 학습의 세 가지로 나눌 수 있는데요. 우선 지도 학습은 사람이 데이터에 정답을 매기고 학습시키는 방법이에요. 뇌경색 CT를 여러 개 모아 놓은 후 뇌경색이 있는 영상과 없는 영상으로 분류해 사람이 답을 매겨놓고 인공지능 모델에게 보여주어 가르치는 것이죠. 뇌경색이 있다고 정답을 매겨놓은 영상을 컴퓨터가 없다고 했다면 벌점을 주고 (맞춘 경우에는 반대로), 다음 시도에는 잘 맞추도록 유도하는 방식이지요. 이 과정에서 인공지능 모델 스스로 '아! 이렇게 뇌에 뭔가 하얗게 보이는 부분이 있으면 뇌경색이 있다고 하는 거구나'를 배워나가게 돼요.

다음으로 비지도 학습은 그런 정답지 없이 인공지능 스스로 영상의 특정한 패턴만을 보며 분류를 시도해 보는 것이에요. 마지막으로 강화 학습은 인공지능 모델이 다양한 시도를 하며 그 결과에 따라 상점과 벌점을 받아 가며 스스로의 행동 방식(정책)을 결정하는 방법이고요. 바둑이나 스타크래프트 같은 게임에 많이 활용되고 있죠. 그 유명한 알파고도 강화 학습으로 만들어진 인공지능이고요. 이중 가장 많이 활용되는 것은 지도 학습이에요. 특히 의료 문제처럼 전문가의 평가와 진단이 필요한 문제에서는 열심히 데이터를 모으고 정답을 매겨놓아 활용하는 지도 학습을 주로 활용하고 있죠. 그렇기 때문에 데이터를 모으고 정답을 정성스레 잘 매겨놓는 과정은 매우 중요해요.

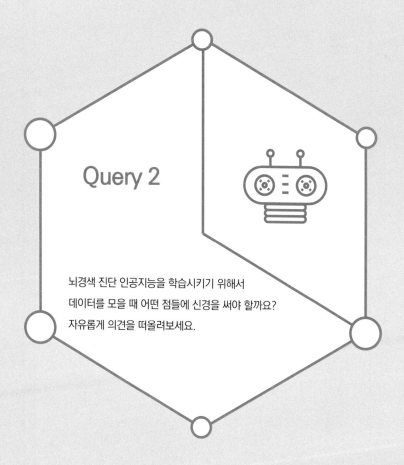

Query 2

뇌경색 진단 인공지능을 학습시키기 위해서
데이터를 모을 때 어떤 점들에 신경을 써야 할까요?
자유롭게 의견을 떠올려보세요.

내 생각은?

Tip

데이터의 편향성 문제

구글은 일찍이 인공지능을 이용해 사진을 분류하는 서비스를 제공하고 있었어요. 카메라로 찍은 동물 사진을 '구글 포토'에 업로드하면, 자동으로 그 동물이 어떤 동물인지 분류해 알려주는 서비스였죠. 어느 날 미국에 사는 앨신Jacky Alcine이라는 친구가 트위터에 구글을 비난하는 글을 올렸어요. 흑인인 앨신과 여자 친구가 함께 찍은 사진에 구글 포토가 '고릴라'로 분류하는 태그를 달았거든요. 피부색이 검다는 이유만으로 잘못된 분류를 한 것인데, 이 사건으로 인해 '구글 포토'가 백인 위주의 사진들로 학습이 되었다는 편향성 문제가 제기되었죠.

의료 인공지능 모델 또한 학습하는 데이터의 편향성 문제를 고려해 볼 필요가 있어요. 예를 들어 백인 남성이 다수인 환자 데이터로 학습된 피부병 진단 인공지능이 동양인이나 흑인의 데이터를 입력하면 무조건 피부암으로 진단하는 등의 문제가 있을 수 있잖아요. 소득 수준이 높은 지역의 건강검진 데이터로 비만을 예측하는 인공지능 모델을 개발할 경우 소득 수준이 낮은 지역에서는 오판을 할 확률이 높고요. 이러한 문제들을 방지하기 위해서는 데이터를 모을 때부터 세심한 계획이 필요하죠. 꼭 이런 문제가 아니더라도, 환자와 정상인의 데이터 수도 고려해야 할 중요한 사항이에요. 암을 진단하는 인공지능 모델을 개발하는데 암 환자의 데이터는 10개, 정상인의 데이터는 1,000개를 입력한다면 이런 비율로는 인공지능이 암을 잘 진단할 수 없겠죠?

Think about

익료기관에서는 환자의 진료 내역이나 진단 결과와 같은 민감한 개인 정보를 보유하고 있는데요. 다른 개인 정보에 비해 의료 정보는 재가공을 거쳐 질병 분석이나 제약 영업 등 다양한 의료 분야에 활용될 수 있기 때문에 금전적 가치가 매우 커요. 이러한 이유로 내부자에 의한 유출 사고가 발생하기도 하며, 해킹과 같은 외부 공격을 받기도 하죠. 실제로 미국에서는 한 빅데이터 기업의 대표가 의료 정보 47억여 건을 약 19억 원에 구입해 해외 본사로 보낸 뒤 재가공하여 제약회사에 되팔아 70억여 원의 부당 이익을 챙기는 일이 있었어요. 이와 같은 사고를 방지하고 개인의 의료 정보를 보호하기 위해선 어떤 대책이 필요할지 생각해 보세요.

내 생각은?

지난 1월 데이터 3법이 국회를 통과했죠. 데이터 3법은 개인 정보의 개념을 개인 정보, 가명 정보, 익명 정보로 구분하고 이중 가명 정보를 통계 작성 연구나 공익적 기록 보존 목적으로 처리할 수 있도록 허용한다는 내용이 핵심이에요. 법안이 국회를 통과한 만큼 공공의 이익을 위해 개인 정보 공개를 어디까지 허용할 것인지를 생각해 보지 않을 수 없겠죠. 지금 이 순간에도 계속해서 축적되고 있는 방대한 양의 데이터를 공익적으로 활용하기 위한 방안도 마련해야 하겠고요. 개인 정보 공개 범위와 공익적 활용 방안에는 어떤 게 있을지 윤리적이고 정책적인 관점에서 생각해 보세요.

내 생각은?

편 어린 시절에 대한 이야기가 궁금해요. 부모님은 어떤 분이셨는지, 어린 시절 환경은 어땠는지 알려주세요.

김 저희 부모님은 제가 하고 싶은 게 있으면 뭐든 하게 두셨기 때문에 공부든 놀이든 원하는 대로 할 수 있었어요. 그렇다고 놀기만 한 건 아니에요. 공부가 필요하다고 생각되면 시간을 내 예습이나 복습을 했죠. 부모님의 교육 방침 덕분에 자율에 대해 배울 수 있었고, 제 자신을 통제하고 절제하는 것이 수월해졌다고 생각해요. 부모님께서는 제가 공부를 안 해도 크게 걱정하진 않으셨는데, 두 분은 물론 친척들의 키가 모두 작은 편이라 제 키에 대한 걱정은 좀 하셨어요. 쑥쑥 자라라고 우유도 많이 먹이고 운동도 시키셨죠. 그러다 보니 어려서부터 자연스럽게 운동에 재미를 느끼게 되었어요.

편 중학교 시절 특별히 기억에 남는 일이 있나요?

김 저희 학교의 경우 학예회나 체육대회와 같은 교내 행사가 있어도 선생님들이 전혀 관여를 하지 않으셨어요. 학생회가 주도적으로 프로그램을 만들고 처음부터 끝까지 학생들이 대회를 이끌어 나갔죠. 간부 수련회가 있으면 그 프로그램도 저희들이 짰어요. 보통 수련회에 가면 조교들이 다소 강압적인 태도로 그곳의 훈련 프로그램에 참여시키곤 하는데요. 저희 학교 선생님들은 아이들이

Job
Propose 39

하고 싶어 하는 대로 내버려 두라고 하셨죠. 그 바람에 조교들은 뭐 이런 학교가 다 있나 하고 어이없어 했고요. 선생님들 덕분에 일을 계획하고 추진하는 법도 많이 배우고, 학생회에서 함께 일했던 아이들과 더욱 각별하게 지낼 수 있었죠.

그리고 중학교 수학 선생님 중 한 분이 방과 후 축구교실을 운영하셨는데요. 축구를 정말 사랑하셔서 공부도 잘하고 축구도 잘하는 학생이 있으면 굉장히 예뻐하셨어요. 저도 운동에 관심이 있어서 축구교실에 들어갔고, 그분의 말씀을 잘 따르며 굉장히 열심히 했던 기억이 나요. 그러다 2002년 월드컵이 확정되면서 월드컵 꿈나무를 선발한다는 소식을 들었죠. 저희 학교도 도전을 하게 되었는데, 저와 제 친구 몇 명이 서울시 대표로 뽑힌 거예요. 축구를 좋아하긴 했지만 공부도 중요했기 때문에 고민이 되었어요. 서울시 대표 꿈나무가 될 것인가, 계속 공부에 매진할 것인가 생각을 거듭하다 결국은 공부를 하기로 했죠.

편 축구 대신 공부를 선택했군요. 성적은 어땠나요?

김 저희 중학교 역사상 제가 학교를 다니던 시기가 성적이 높은 학생이 가장 많았던 때였어요. 특목고 진학률도 최고로 높았던 시기였고요. 주변 친구들이 다들 공부를 잘하니 저도 자극을 받아 더 열심히 하게 되었죠. 비교를 당하기 싫어 최선을 다한 것도 있고요. 제가 승부욕이 좀 있거든요. 운 좋게 교내 1등을 하고 내신 성적이 올라 서울 과학고에 진학을 하게 되었는데요. 공부만 하던 애들이 모였으니 축구는 내가 제일 잘하겠거니 했는데 그렇지도 않더라고

요. 뭐든 잘하는 친구들한테 둘러싸여 있다 보니 자극이 돼서 무엇이든 열심히 했던 기억이 나네요.

편 특별히 좋아했던 과목이나 싫어했던 과목이 있었나요?

김 이과 과목은 거의 다 좋아했어요. 특히 수학 과목을 워낙 좋아해서 평소에도 수학 공부를 많이 했죠. 시험이라고 따로 들여다볼 필요가 없을 정도로요. 과학도 무척 좋아했는데, 그중에서 이상하게 화학만은 좀 재미가 없더라고요.

편 학원도 많이 다녔나요?

김 저는 학원엔 잘 다니지 않았어요. 혼자 공부하는 스타일이었거든요. 어릴 적부터 스스로 공부하는데 익숙해져서 그런지 제 나름의 목표와 공부 방법을 정하고 그에 따라 학습하는 게 훨씬 편하더라고요. 학교 친구들이 워낙 공부를 잘하니 모르는 게 있으면 그 애들한테 배우면 됐고요. 수학 같은 경우 세계대회에서 1, 2등 하는 친구들이 반에 있었는데, 그 아이들한테 물어보면 선생님보다 더 잘 가르쳐줬죠. 저는 당시 컴퓨터 코딩을 잘해서 그 분야를 잘 모르는 아이들이 있으면 설명해 주기도 했고요. 성적 좋고 똑똑한 학생들이 많아 처음엔 좌절하기도 했지만 저도 남들보다 잘하는

게 한 가지 있다는 사실로 버텼어요. 컴퓨터는 제게 그런 존재였죠.

편 학창 시절부터 컴퓨터 분야에 관심이 있었나 봐요?

김 어려서부터 컴퓨터를 좋아했어요. 저희 집의 경우 제가 유치원에 들어가기도 전부터 컴퓨터가 있었는데요. 장난감처럼 가지고 놀다 보니 익숙해졌고, 컴퓨터 안의 세계가 무척 흥미로워서 하면 할수록 재미를 느꼈죠. 컴퓨터 프로그래머가 되고 싶어 대학에서는 무조건 컴퓨터공학이나 전산학을 전공하겠다고 생각했어요. 다른 과는 생각해본 적도 없었죠.

편 어렸을 때는 컴퓨터로 뭘 했나요?

김 게임도 하고, 베이직이라는 프로그래밍 언어를 이용해 프로그램을 직접 만들며 놀았어요. 처음엔 1 더하기 1이라고 입력하면 2가 나오는 아주 쉬운 것부터 만들었죠. 그러다 나중엔 간단한 게임도 만들었고요. 도중에 막히면 동네에 있는 서점에 가서 관련 서적을 뒤져보며 이런저런 프로그램을 만들었던 기억이 나네요.

편 꽤 일찍부터 진로를 결정했네요.

김 네. 어려서부터 컴퓨터 프로그래머가 되고 싶었어요. 그 꿈을 이루기 위해 대학에서는 컴퓨터공학이나 전산학을 배워야겠다고 생각했고요. 다른 집에 비해 일찍 컴퓨터를 사주시고, 컴퓨터를 가지고 실컷 놀 수 있게 해 주신 부모님 덕분에 일찍부터 확고한 꿈을 키울 수 있었죠.

편 그러다 의료 분야로 오게 된 계기가 궁금해요.

김 대학에 가서 컴퓨터 프로그래밍을 공부하고 인공지능을 연구했는데요. 앞서도 얘기했지만 사람처럼 생각하고 행동하는 인공지능이 당장 실현 가능한 얘기가 아니더라고요. 좀 더 현실적으로 이 기술을 이용해 당장 누군가에게 도움을 주는 일을 하고 싶었어요. 그러다 우연히 병원에서 컴퓨터 공학자를 찾는다는 구인 공고를 보게 되었죠. 관심이 생겨 지원해서 갔는데, 얘기를 들어보니 제가 만든 프로그램으로 영상을 처리하게 되면 환자들에게 실질적으로 도움이 되겠다 싶었어요. 석사 시절 연구했던 주제를 확장시킬 수 있는 분야이기도 했고요. 직접 해 보니 재밌기도 하고 보람도 있는 일이라 잘한 선택이라고 생각해요.

편 진로 선택 시 가장 중요하게 생각한 것은 무엇이었나요?

김 어렸을 때 컴퓨터 분야에서 일하고 싶다고 생각한 이유는 무엇보다 좋아하는 일을 하고 싶어서였어요. 그러다 제 일을 통해 사회에 좀 더 기여를 하고 싶다는 마음이 생기기 시작했죠. 그럼 보람도 찾을 수 있고, 나아가 괜찮은 삶을 살고 있다는 기분도 들 것 같았거든요. 특히 의료 분야에서 일하게 되면 원하던 것도 이루고 사명감도 느낄 수 있을 거라 생각해 병원으로 오게 되었죠. 아버지께서 제가 어렸을 때 20대에는 하고 싶은 일이 있으면 행복한 거고, 30대에는 그 일을 하고 있으면 행복한 거라고 하셨는데요. 그 기준에 따르면 저는 정말 행복한 2~30대를 보낸 셈이죠.

🟥 다시 학창 시절로 돌아가 볼까요? 고등학교 시절 공부나 입시 문제로 스트레스를 받는 일은 없었나요?

🟥 고등학교에 올라가서 첫 시험을 봤는데 너무 어려운 거예요. 저뿐만 아니라 대부분의 아이들이 10점 정도의 점수를 받았죠. 일부러 어렵게 냈다고 하더라고요. 대부분 중학교에서 1, 2등을 하던 친구들이라 그런 점수를 받고 충격을 받은 학생들이 많았어요. 그 와중에도 성적이 좋은 아이들이 있으니 거기에 좌절하는 학생들도 있었고요. 내신에서 나쁜 점수를 받게 될까 봐 1학년을 마치자 3분의 1 정도가 자퇴를 하고 일반고로 전학을 갔죠. 당시에는 비교 내신 제도가 없었거든요. 그런 상황이라 저도 성적 때문에 고민이 많

았지만, 2년만 열심히 하면 목표로 했던 카이스트에 진학할 수 있었기 때문에 그것만 생각했어요. 사실상 2학년 여름에 카이스트 합격 여부가 결정되기 때문에 실제론 1년 반만 버티면 된다는 생각도 있었고요. 그리고 합격이 결정되자 이후 반년간은 편한 마음으로 학창 시절을 즐길 수 있었죠.

편 원하던 대학에서의 캠퍼스 생활은 어땠나요?

김 카이스트가 한때 학생들의 잇단 자살로 굉장히 이슈가 된 적이 있었어요. 고등학교 2학년에서 바로 대학생이 되는 바람에 미처 성숙되지 못한 상황에서 술을 접하면서 방황을 하는 사람도 있었고, 성적이 좋은 학생들만 모여 있다 보니 치열한 경쟁 구도에 좌절을 하는 사람도 많았죠. 징벌적 등록금 제도로 인해 경제적인 부담감을 느끼는 사람도 적지 않았고요. 힘들어하는 사람들 중 일부가 극단적인 선택을 하기도 했어요. 학교에서도 위기감을 느끼고 자살을 방지하기 위해 학사 운영을 개선하는 등 다방면으로 애쓴 덕분에 지금은 많이 좋아졌지만, 당시만 해도 매우 심각한 사안이었죠. 저 같은 경우 합창 동아리 활동을 하면서 암울하고 경직된 분위기에서 벗어나려고 노력했어요. 한 시즌 정도는 공연 준비에 매달리면서 노래도 실컷 부르고 동아리 친구들과 취미도 공유하면서 학업으로 인한 스트레스를 해소했죠.

편 직업관을 형성하는 데 도움을 준 책이나 영화가 있다면 소개해 주세요.

김 직업관을 형성하는 데 영향을 미친 작품은 아니지만 흥미롭게 읽은 책이 있어 소개해 드리고 싶네요. 인지과학자인 스티븐 핑커가 쓴 『마음은 어떻게 작동하는가』란 책인데요. 인간의 마음이라는 다소 추상적인 개념을 과학적으로 분석하고 그것이 오늘날과 같은 방식으로 작동하기까지 영향을 미친 다양한 요인들을 분석한 재미있는 책이죠. 마음을 연산 체계로 정의하고 그 마음이 어떻게 작동하는지 풀어낸 걸 보면서 인공지능과 연계해 생각해 볼 수 있는 기회도 되었고요.

편 의료데이터과학자가 되고 첫 출근한 날, 기억나세요? 어떤 생각이 들었는지 궁금해요.

김 병원이라는 새로운 환경에 들어간다고 생각하니 긴장이 많이 됐어요. 떨리는 마음으로 출근을 하고 제가 쓸 연구실에 들어갔는데, 빈 방에 책상 하나만 덩그러니 놓여 있더라고요. 일하는 데 필요한 모든 걸 새로 갖춰야 하는 현실을 마주하니 어느새 긴장감은 사라지고 의욕이 솟구쳤죠. 남들이 가지 않은 길을 내가 먼저 간다는 것에 사명감도 들었고요. 병원에서는 어떤 장비를 구비해야 하는지 잘 모르기 때문에 저 혼자 필요한 걸 하나하나 찾아가며 구입했는데요. 그렇게 구입한 장비들로 연구실이 조금씩 완성돼 가는 걸 보는 것도 재미가 있더라고요.

편 본인이 생각하는 자신의 장점과 단점은 무엇인가요?

김 제가 조용히 혼자 지내는 걸 잘 못해요. 사람도 만나고 이런저런 활동도 하면서 외부로 발산을 해야 하는 사람인데요. 그런 점이 주변과의 관계를 원활하게 만드는 데는 도움이 되더라고요. 일이건 취미 생활이건 어설프게 하지 않고, 확실하게 즐긴다는 점도 장점이라고 생각하고요. 단점은 민감한 성격이에요. 집중해서 작업을 하고 있는데 누군가 말을 걸면 굉장히 방해가 돼서 민감하게 반응하는 편이죠. 기분이 얼굴에 그대로 드러나서 나쁜 감정을 잘 숨기지도 못하고요. 이런·사소한 일에는 평정심을 유지하고 싶은데 그게 잘 안 되네요.

편 꿈꾸던 것을 이루고 있다고 생각하세요?

김 그럼요. 원하던 대로 컴퓨터 앞에 앉아 신나게 일하고 있잖아

가족들과 함께

요. 좋아하는 일을 하면서 사회에 기여도 하고, 누군가에게 도움도 줄 수 있어 뿌듯하고요. 10년 전, 당시만 해도 생소했던 의료 데이터 분야로 와서 이렇게 자리를 잡고 어느 정도 기반을 닦을 수 있었던 것도 굉장히 만족스러워요.

편 자녀가 있다면 권할 만한 직업인가요?

김 자녀가 둘 있는데요. 몇 번 연구실에 데리고 와서 엑스레이 영상을 보여주며 아빠가 하는 일에 대해 얘기해 줬더니 신기해하더라고요. 아직은 어려서 확실히 진로를 결정한 것이 아니지만 제가 즐겁게 일하고 있는 만큼 아이들이 관심을 가진다면 적극 권하고 싶어요.

편 그밖에 관심을 가지고 활동하는 분야가 있을까요? 혹은 최근 들어 새롭게 도전하는 분야가 있다면 소개해 주세요.

김 정부에서는 미래의 의료 산업과 관련된 여러 가지 정책을 세우고 있는데요. 기관에서 일하는 분들은 해당 영역의 전문가가 아니기 때문에 저희에게 의견을 묻는 일이 종종 있어요. 그런 회의에 참석해 정부 정책이 나아가야 할 방향을 제시하기도 하고, 한정된 예산 안에서 더 비중을 두어야 하는 것이 무엇인지, 어떤 분야를 육성하는 것이 더 나은지 의견을 피력하기도 하죠. 이 분야의 전문가로 참여하곤 있지만 정부의 정책을 다루는 일은 처음이라 저에겐 매우 도전적인 일이에요. 새로운 분야의 사람들과 만나 노선이나 방침을 정하는 것도 정책을 연구하는 것도 굉장히 재미있고 신선하게 느껴져요.

앞서 제가 화학 과목을 별로 좋아하지 않았다고 얘기했잖아요. 화학을 기본으로 하는 의약 분야 역시 좀 꺼려 했는데요. 이 분야가 융합학문이다 보니 의약에 대해서도 알아야 하더라고요. 업무를 위해 의약과 관련된 공부를 시작했는데, 어렸을 때 화학에 좀 더 관심을 가졌으면 좋았을 걸 조금은 후회가 되었어요. 학교에서 배우는 것들이 당장은 미래의 꿈과 관련이 없어 보여도 나중에 도움이 될 수도 있으니 이 책을 읽는 친구들은 어떤 과목이든 열심히 했으면 좋겠네요.

편 의료데이터과학자로서 앞으로 어떤 목표를 갖고 있나요?

김 의사가 어떤 질병을 앓고 있는 환자에게 그에 맞는 약을 처방했는데, 다른 대부분의 사람들과 달리 이 환자는 약을 먹어도 호전이 되질 않는다고 해 봐요. 이런 상황이 오면 가끔 의사들도 왜 약효가 떨어지는지 정확한 이유를 알지 못하는 경우가 있죠. 이때 의료 데이터를 통해 환자와 약의 효능 관계를 증명하고 그 환자에게 맞는 최적의 약을 제시하는 것이 제 궁극적인 목표예요.

편 마지막으로 의료데이터과학자를 꿈꾸는 청소년들에게 하고 싶은 말이 있나요?

김 우리나라 교육 과정에서 가장 큰 문제 중 하나가 진로교육에 할애하는 시간이 너무 적다는 거예요. 학교 수업 시간에 진로검사를 받거나 진로체험을 하는 기회가 있긴 하지만 단발성으로 끝나거나 형식적인 과정에 불과해 개개인의 잠재 능력과 그 능력에 맞는 적합한 진로가 무엇인지 탐색하기엔 역부족이죠. 그러다 보니 대학에 와서야 어떤 직업을 가질지 고민하는 경우도 있어요. 이미 전공도 다 정해졌는데 말이에요.

원하는 직업과 자신의 전공이 일치하지 않으면 그 직업을 갖기 위해 다시 공부를 해야 하니 얼마나 큰 시간 낭비예요. 그러지 않기 위해선 어려서부터 다양한 경험을 통해 내가 잘하는 일이 무엇인지, 내가 좋아하는 일이 무엇인지 고민해 보는 것이 필요해요. 뒤늦게 진로를 결정하게 되면 자신의 꿈이 아니라 성적에 따라 진로를 결정하게 되거든요. 게다가 요즘엔 안타깝게도 부모의 경제적 능력에 따라 직업 선택의 기회가 달라지기도 하죠. 그런 현실을 생각하면 더더욱 진로교육의 필요성이 절실하게 느껴져요.

학교의 진로교육이 부족하게 느껴진다면 개인적으로 시간을 내 다채로운 현장 체험, 전문 직업인 멘토와의 만남, 진로 캠프, 이색 직업 체험 등을 하며 우리 주변의 다양한 직업에 대해 알아가는 시간을 늘려갔으면 해요. 이런 실질적인 활동을 가능한 일찍 시작해 어려서부터 자신에게 맞는 일이 무엇인지 탐색해 보고 진로를 설계해 나가는 친구들이 많아졌으면 하고요. 여러분의 가슴속에 꿈이 움트고, 그 꿈을 키워 푸른 미래에 다가갈 수 있도록 계속해서 응원할게요.

청소년들의 진로와 직업 탐색을 위한
잡프러포즈 시리즈 39

병원에서 일하는 의료데이터과학자

2021년 2월 24일 | 초판1쇄
2023년 6월 1일 | 초판3쇄

지은이 | 김휘영
펴낸이 | 유윤선
펴낸곳 | 토크쇼

편집인 | 박가영
디자인 | 이민정
마케팅 | 김민영

출판등록 2016년 7월 21일 제2019-000113호
주소 | 서울시 서초구 나루터로 69, 107호
전화 | 070-4200-0327
팩스 | 070-7966-9327
전자우편 | myys327@gmail.com
ISBN | 979-11-91299-05-2 (44190)
정가 | 15,000원

이 책의 저작권은 저자와 출판사에 있습니다.
서면에 의한 저자와 출판사의 허락 없이 책의 전부 또는
일부 내용을 사용할 수 없습니다.